甲賀三郎物語を歩く

# 甲賀忍者軍団と真田幸村の原像

AKIRA FUKUDA

福田 晃 編著

三弥井書店

薬の製造用具　薬研（甲賀市教育委員会提供）

売薬行李　　　　　（甲賀市教育委員会提供）

**飯道山惣絵図**　江戸時代、信楽町宮町区蔵・甲賀市指定文化財

目　次

# 第一部

# 甲賀忍者軍団と真田幸村の原像

## ――甲賀三郎物語を歩く――

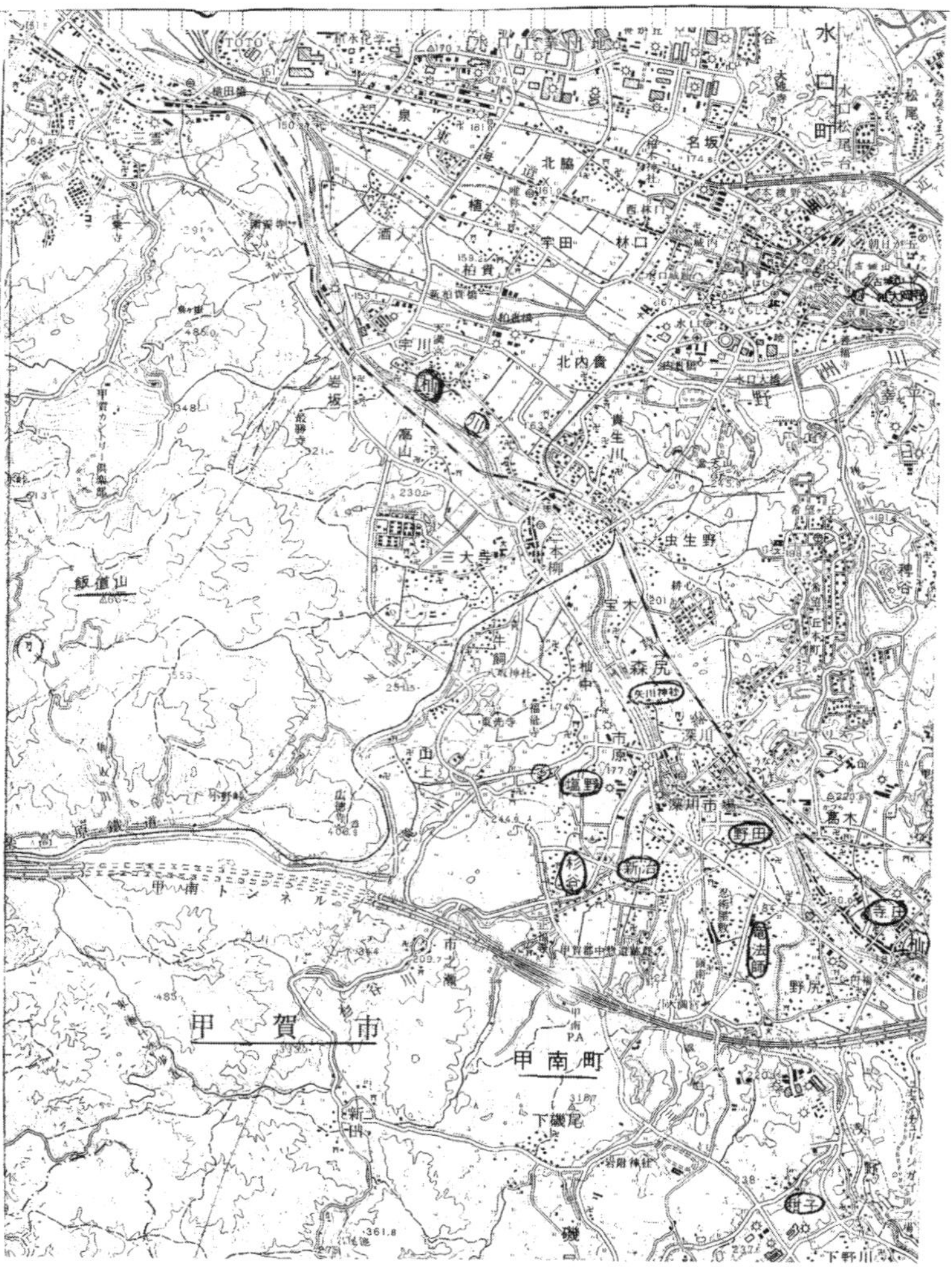

水口町
泉
名坂
北脇
植
酒人
宇田
林口
柏貴
宇川
北内貴
岩坂
高山
三大寺
二本柳
虫生野
宝木
森尻
矢川神社
市原
深川
深川市場
塩野
野田
新治
杉谷
竜法師
野尻
寺庄
飯道山
甲南トンネル
甲賀市
甲南町
甲南PA
下磯尾
下野川


甲賀・望月氏関係地図

# はじめに　発見された忍術屋敷

琵琶湖のほぼ南端にあたる滋賀県草津市から、近江盆地をさらに二十キロも南に下れば、そこは甲賀《こうか》の里である。標高わずか二、三百メートル。しかし、地図で見るよりははるかに険しい。そうした山間《やまあい》に、いくつもの集落が点在する。山のかなたは伊賀の里である。

戦国の影の世界を駆け抜け、そして消えていった忍者たち。彼らはこの山間でどのような生活を送っていたのであろうか。どのようにして忍者の技術を学びとっていったのであろうか。そして彼らを団結させていたものは、いったい何だったのであろうか。

滋賀県甲賀市甲南町竜法師《りゅうぼし》――。戦国時代、望月と名のる有力な甲賀忍者の一族が支配していた土地である。現在も、望月姓の家は甲賀全域で二百を超えるという。

この竜法師に、上空からでもひときわ目立つわら屋根の家がある。竜法師忍術屋敷――。かつて望月一族の本家であった建物である。長いあいだそれとは知らずに使われていたが、昭和三十年の調査で、紛れもなく忍術屋敷であると認定された。（本書・表紙参照）

望月一族はこの地で先祖代々、九曜星を家紋とし、古くから薬を作り、修験道にも関係してきたという。忍術と製薬と修験道。それらは、どのような関係にあるのであろうか。

忍術屋敷は現在、木村元博さんが経営し、その所有となっている。屋敷は会社の事務所であり、また、甲賀の観光名所でもある。（「追跡・戦国甲賀忍者軍団」日本放送出版社協会、昭和五十九年より）

望月氏の紋所（九曜）

甲賀流忍術屋敷
（「追跡・戦国忍者軍団」より）

竜法師・望月義伸氏宅

# 第一章　甲賀三郎の末裔・望月氏



## 甲賀・望月氏と甲賀三郎物語

およそ甲賀のしのび〈忍者〉を輩出した甲賀・望月氏は、自らの始祖を甲賀三郎と仰ぎ、その物語を語り伝えている。それは、英雄・甲賀三郎が、山中の魔王を滅ぼし、その後に地底の国をめぐり、蛇体と変じて帰郷、やがて諏訪の神と祀られたという物語である。自在に山中を駈けめぐり、神出鬼没の活躍をみせた、しのび〈忍者〉の先祖の物語としては、ふさわしい英雄物語であった。

ところで、その甲賀三郎の物語は、元来、「諏訪縁起」「諏訪の本地」と称され、諏訪社を祀る人々によって、全国各地に伝えられてきたのである。しかもその物語は、どの地にあっても、主人公の名は、甲賀三郎と伝えている。それは、この物語が、甲賀の地から起こった伝承であることを知らせる。それによれば、甲賀三郎の伝説は、信州の諏訪社とかかわる甲賀在住の人々の語り始めたものと推される。それならば、それは諏訪の神を氏神と奉ずる甲賀の望月氏に、その原拠は求められることになる。

その甲賀の望月氏は、信州・望月氏の七・九曜の紋所を奉じて、飯道山東麓の甲南町各地に住して今日に至っている。それは諏訪社を祀る塩野を中心に、右にあげた忍術屋敷を擁する竜法師をはじめ、杉谷・新治・野田・寺庄・柑子に及ぶ聚落である。近世、この望月姓の人々は、一部、忍者となる人もあったが、多くは修験・医師・薬作りなどを職とし、あるいは伊勢・朝熊明王院、また多賀社不動院の配札神人《じにん》（薬売り）として、その生活を営んでこられたのである。

明王院の霊方萬金丹
（版木・望月主郎氏蔵）

虚空蔵菩薩像の御影
（版木・望月主郎氏蔵）

『甲賀市史』第三巻より転載

# 第二章　望月氏系図と甲賀三郎物語

## 竜法師《りゅうぼうし》・望月秀祐家蔵「望月氏系図」と「信州滋野三家系図」

さて江戸時代には、さかんに諸氏の系図が製作されている。が、擬作（偽作）と称すべきものが少なくない。そしてそれは中世にも遡る。確実な文献史料を取り扱う歴史学者はこれを使用することはない。しかしそれは、全くの作りごとではなく、古くからの伝承を含んでいることも多い。そしてその伝承からその家の出自、素姓をうかがうことも可能である。

第一章で紹介された忍術屋敷は、元は望月本実家の住居であったが、この本実家にも、「望月氏系図」が伝えられている。ちなみに竜法師には、五つの望月氏の株があり、いずれも九曜を家紋とする。その一つの株が元は飯道山の修験であった本実坊である。本実坊の本家は望月秀祐家で一号、以下九号まで分家筋がある。その本家所蔵の系図をみてみよう。

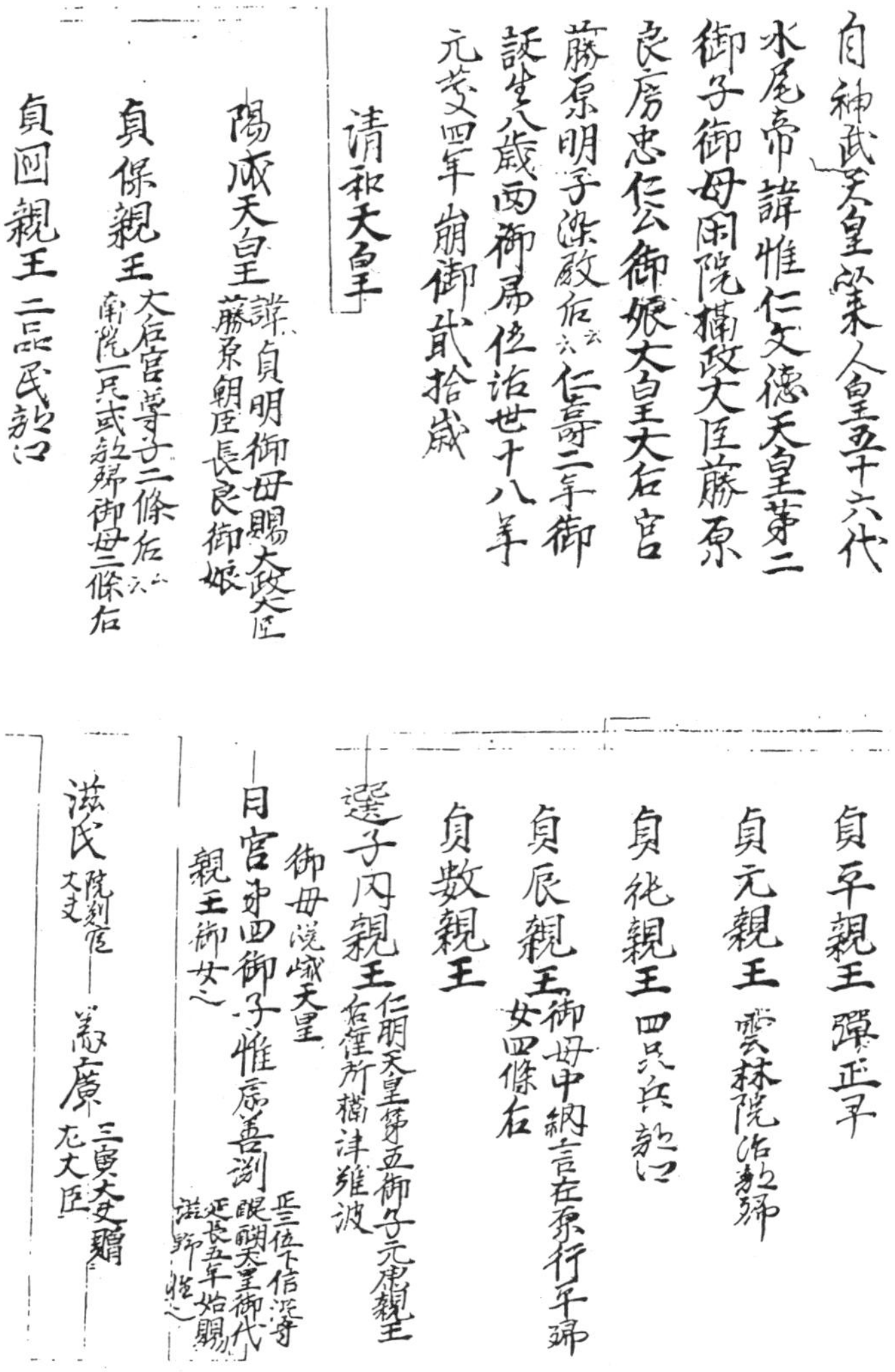

望月秀祐氏蔵「望月氏系図」（「追跡・戦国甲賀忍者軍団」より転載）

（前略）

清和天皇

陽成天皇　諱ハ貞明、御母賜太政大臣藤原朝臣長良御娘

貞保親王　大后宮尊子二条后云々　南院一品部卿、御母二条后

貞固親王　二品式部卿

貞平親王　彈正尹

貞元親王　雲林院治部卿

貞純親王　四品兵部卿

貞辰親王　御母中納言在原行平卿女四条后

貞数親王

選子内親王　仁明天皇第五御子元康親王后住所摂津難波

目宮　御母嵯峨天皇第四御子惟康親王御女之

善渕　正三位信濃守　醍醐天皇御代延長五年始賜滋野姓之

滋氏（院判官大夫）
―為広（三寅大夫贈左大臣）
―為道（左衛門督）
―則広（武蔵守）
―重道（平権大夫）

広道（海野）
広重（望月）
道直（祢津）

幸広（野平四郎）
―幸氏（小太郎）
―茂氏（信濃守）
―長氏（右衛門尉）
―幸直

頼幸
―則幸
―善幸
―幸房
―幸茂

憲広
―持幸
―氏幸
―幸棟
―棟綱

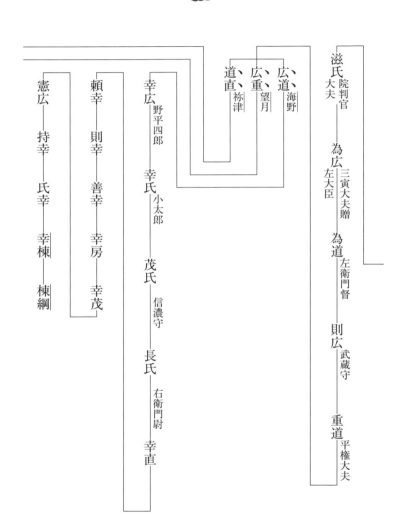

国重 蔵人頭 ― 国親 左馬頭 ― 重忠 治部大夫 ― 重義 太郎 ― 重隆 信濃守

盛重 左衛門尉 ― 宗重 次郎 ― 重惟 越中守 ― 重信 三郎 ― 光経 遠江守

盛也 ― 盛綱 ― 光盛 ― 光重 ― 盛昌

昌頼

貞直 神平 ― 宗直 美濃守 ― 宗道 小治郎 ― 敦宗 左衛門尉 ― 宗光 小次郎

光長 神平四郎 ― 光義 四郎 ― 長泰 美濃守 ― 泰綱 小次郎 ― 氏直 民部丞

遠光 ― 女子 ― 時貞 上総 ― 信貞 ― 光直 ― 覚直 ― 光直 宮内大夫

右にあげた望月秀祐家蔵の「望月系図」は、およそ信州がわの滋野三家系図に準ずるものである。今、『続群書類従』から、それを引用してみる。

# 信州滋野氏三家系図　又別滋野氏系譜有云々

清和天皇
仁王五十六代帝也。水尾天皇。文徳天王第四王子。在位十八年。

陽成院
仁王五十七代。在位八年。

貞保親王 式部卿
母二条后。號南院宮。貞観十年誕生。延喜二年四月十三日薨。

貞固親王

貞元親王
号雲林院。母治部卿仲野親王女。

貞平親王

貞純親王
源氏先祖。

貞辰親王 四品
母女御藤原珠子。

貞数親王 四品
母在原行平女。延喜十一年薨。三十二。

巽子内親王
仁明第五元康親王妻。摂州難波居住。

国忠

国珍

目宮王 菊宮トモ云
母嵯峨第四惟康親王女。

善渕王 従三位
延喜五年始賜滋野朝臣姓。母大納言源昇卿女。滋野氏幡者月輪七九曜之紋也。

滋氏王 従五位下院判官代信濃守
母太政大臣基経女。

為広 従五位上
號三寅大夫。贈中納言。従三位。

為通 従四位下左衛門督

則広 従五位下武蔵守

重道 野平三大夫

広道 海野小太郎

幸親 小太郎
保元乱左馬頭義朝為味方。

幸広 海野弥平四郎
属木曽義仲。備中国水島合戦為大将討死。

幸氏 海野小太郎

（中略）

幸義 海野小太郎

幸久 岩下豊後守
女子小笠原妻

憲広 海野太郎
於鎌倉元服。上杉憲基為烏帽子々。

持幸 従五位下信濃守
於鎌倉元服。賜持氏公一字。

氏幸 小太郎

幸棟 信濃守

棟綱 海野小太郎信濃守

幸義 海野小太郎左京大夫
於信州。村上義清合戦討死。

幸隆
海野小太郎成相続。号真田弾正忠。法名一徳斎。
信州真田居住。属武田晴信来甲州。

信綱
天正三年三河国於長條合戦討死。

昌幸 喜兵衛尉安房守

信幸 伊豆守

広重 望月三郎

国重 五位蔵人

国親 左衛門尉

重忠 治部大夫

行親 根井大弥太（小紋）
木曽之士。

親忠 楯六郎

（中略）

重信 望月三郎

光経 遠江戸守

盛世 對馬守

〔盛經 遠江守〕

光盛 望月三郎

光重 左衛門佐

盛昌

昌頼

道直、、祢津小二郎

貞直 神平
鷹名誉アリ。自院賜宝珠幷飯剣

宗直 祢津小二郎美濃守

宗道 左衛門尉

敦宗 左衛門尉

宗光　神平　法名光仏

（中略）

遠光　従五位下越後守

女子　無男子而女子相続。

時貞　上総介　法名竜雲。

信貞　三郎上総介　法名正山。

光直　宮内大夫　法名竹叟。

覚直 宮内大夫
法名一英。

元直 宮内少輔
法名元山。

信直 美濃守
法名栄安。

## 両系図の脈絡

まず「三家系図」によってみるに、「海野」は広道に始まり、幸棟・棟綱を経て、真田の昌幸・信幸に至る。「望月」は広重に始まり、盛昌・昌頼で終わる。「祢津」は道直に始まり、光直・覚直を経て、信直に至っている。ほぼそれは戦国最末期までを叙するものである。

これに対して、先の望月秀祐家蔵「望月系図」においては、海野系譜は幸棟・棟綱まで、望月系譜は、盛昌・昌頼、祢津系譜は覚正・光直までで終わる。それは戦国時代に滋野三家が武田信玄によって、次々と攻略される時期で終えており、戦国最末期には及んでいない。ちなみにこれには真田氏の名は、いまだ示されていないのである。

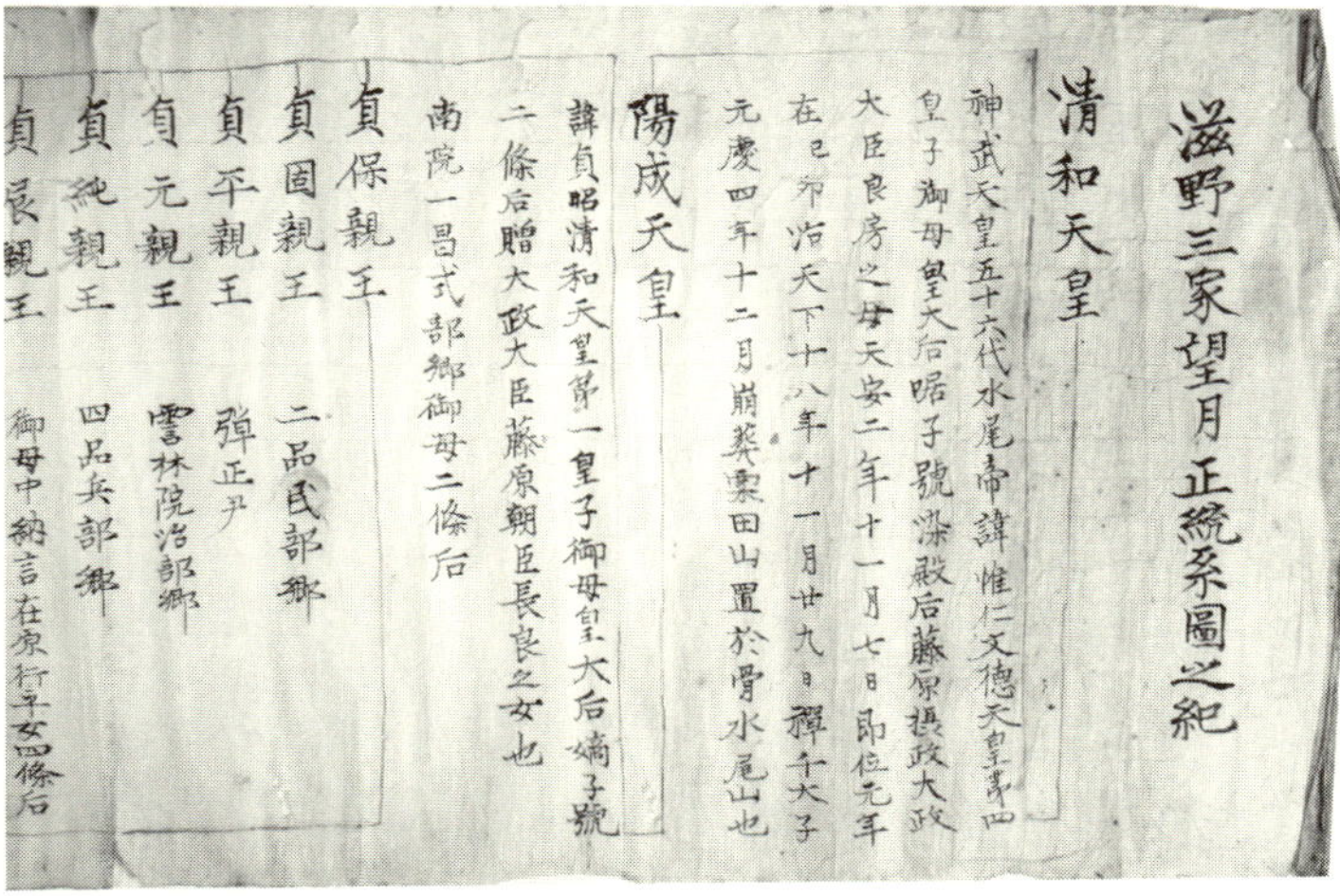

滋野三家望月正統系圖之紀

清和天皇

神武天皇五十六代水尾帝諱惟仁文徳天皇第四
皇子御母皇太后明子號染殿后藤原摂政大政
大臣良房之女天安二年十一月七日即位元年
在位治天下十八年十一月廿九日禅于太子
元慶四年十二月崩葬粟田山置於骨水尾山也

陽成天皇

諱貞明清和天皇第一皇子御母皇太后嫡子號
二條后贈大政大臣藤原朝臣長良之女也

貞保親王　南院一品式部卿御母二條后

貞固親王　二品民部卿

貞平親王　弾正尹

貞元親王　雲林院治部卿

貞純親王　四品兵部卿

貞辰親王　御母中納言在原行平女四條后

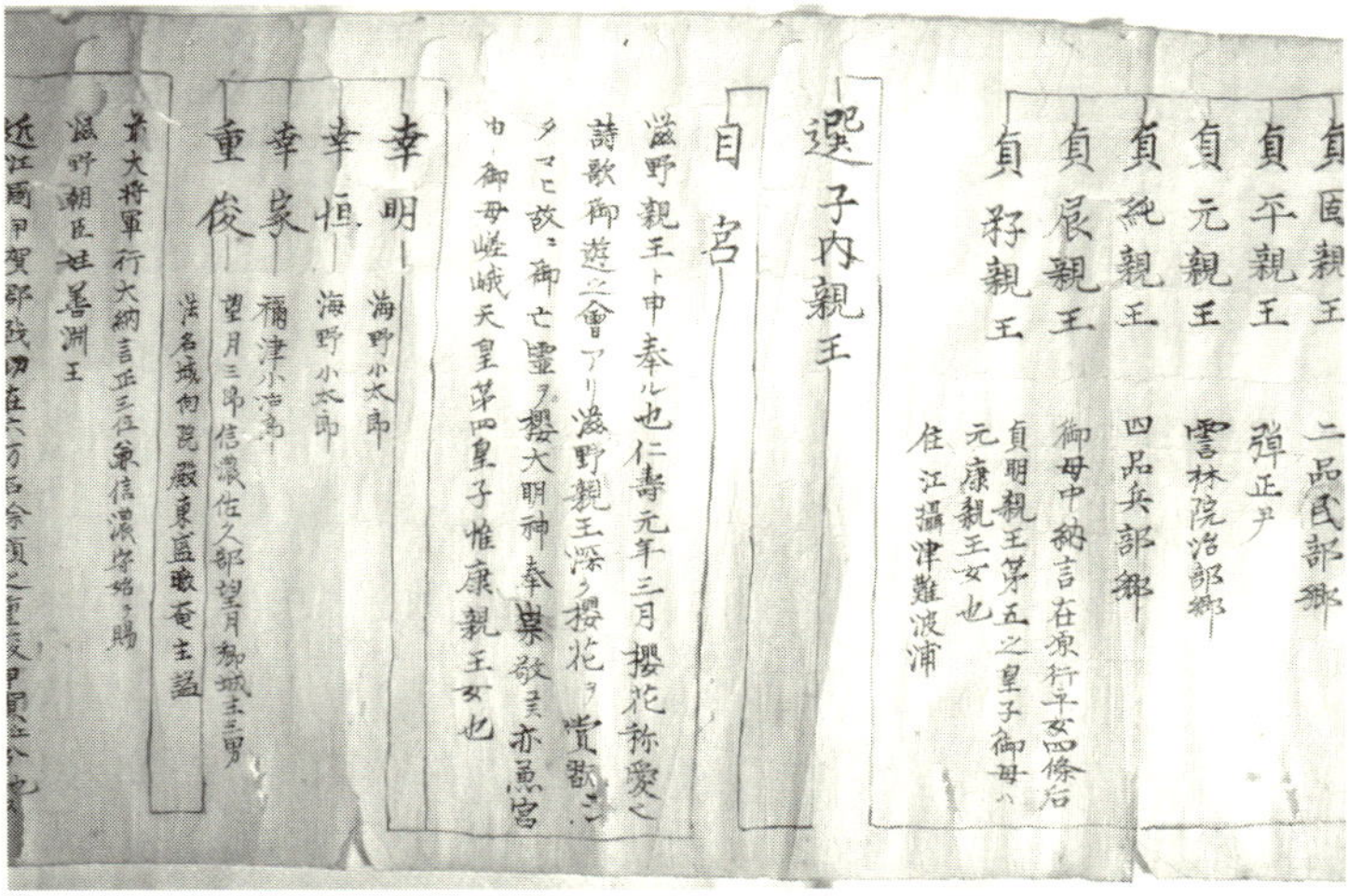

貞固親王　二品民部卿

貞平親王　弾正尹

貞元親王　雲林院治部卿

貞純親王　四品兵部卿

貞辰親王　御母中納言在原行平女四條后
貞明親王第五之皇子御母ハ
元康親王女也

貞籽親王　住江攝津難波浦

選子内親王

目名

滋野親王ト申奉ル也仁壽元年三月桜花称愛之
詩歌御遊之會アリ滋野親王深ク桜花ヲ賞翫ニ
タマヒ故ニ御亡霊ヲ桜大明神奉崇敬ヌ亦黒宮
由、御母嵯峨天皇第四皇子惟康親王女也

幸明　海野小太郎

幸恒　海野小太郎

幸家　禰津小治郎

重俊　望月三郎信濃佐久郡望月御城主三男
法名城向院殿東巖竜主謚

右大将軍行大納言正三位兼信濃守始ヲ賜
滋野朝臣姓善淵王

近江國甲賀郡

望月惣左衛門家蔵の「望月正統系図」（その一）

## 柑子・望月惣左衛門家蔵「望月正統系図」（その一）

ところで、戦国時代には、甲賀・望月氏の棟梁的存在であった柑子・望月氏の子孫である望月惣左衛門家所蔵をみてみよう。ちなみに当家は、江戸時代には馬医をもって職とされた家筋である。

### 滋野三家望月正統系図の紀

清和天皇

神武天皇五十六代水尾帝。諱惟仁。文徳天皇第四皇子。御母皇大后啹（ママ）子。号染殿后。藤原摂政太政大臣良房之女。天安二年十一月七日即位。元年在己卯。治天下十八年。十一月二十九日禅于太子。元慶四年十二月崩。葬粟田山、置於骨水尾山也。

陽成天皇

諱貞昭。清和天皇第一皇子。御母皇大后嫎（ママ）子。号二条后。贈太政大臣藤原朝臣長良之女也。南院一（ママ）昌式部卿御母二条后。

貞保親王　二品民部卿

貞固親王　弾正尹

貞平親王　雲林院治部卿

貞元親王　四品兵部卿

貞純親王　御母中納言在原行平女四条后。

貞辰親王　貞明親王第五之皇子。御母元康親王女也。住江摂津難波浦。

貞数親王

選子内親王

目、宮、　滋野親王ト申奉ル也。仁寿元年三月、桜花称愛之詩歌御遊之会アリ。滋野親王深ク桜花ヲ賞翫シタマヒ、故ニ御亡霊ヲ桜大明神奉崇矣。亦兼宮申。御母嵯峨天皇第四皇子惟康親王女也。

幸明　海野小太郎

幸恒　海野小太郎

幸家　祢津小治郎

重、俊、　望月三郎信濃佐久郡望月郷城主。三男。
法名城向院殿。東嗷庵主謚。

前大将軍行大納言正三位兼信濃守始テ賜滋野朝臣姓。善淵王。近江国甲賀郡、戦功在、六万石余領之。重俊甲賀江分地ス。一称甲賀三郎源重俊。後改望月甲賀三郎源兼家云。次男重為ニ杣庄ニテ拾六ケ村分地ス。

兼利　望月太郎

重為　望月備中式部大輔滋野朝臣重為定紋梶之葉也
妻者信濃国小県郡大門郷諏訪大明神之神孫大宮司藤原長国女也。

兼重　望月治郎
近江国甲賀郡塩野村ニ居城ス。父兼家此所ニ奉勧請諏訪大明神池ケ原杣ヲ、則兼利重為造営之。甲賀望月惣杜。杣之庄拾六ケ村領之。

（後略）

この系図も、前半は信州側の滋野三家系に準ずるものである。しかし、「目宮」の項には、柑子・望月氏の祀る「桜大明神」の由来を添えている。しかも望月氏の先祖の「重俊」については、後に改めて「望月甲賀三郎源兼家」と号したとして、「兼家―兼重」の甲賀三郎伝説を複合して示す。さらに後に詳しく説くことであるが、塩野への諏訪社勧請の経緯を記すのである。

## 新治・望月政右衛門家蔵「望月家系図」

あるいはまた、信州側の系図にはよらず甲賀三郎兼家を始祖とする系図も見出される。たとえば、甲南町新治には、武田に追われた残党の家筋とする望月氏もおられるが、その系図は、次のようである。望月政右衛門家所蔵のものである。ちなみに「望月出雲守」とは、後にあげる甲賀二十一家（甲賀しのび二十一家）に属して、その活躍を世に伝えた人物である。

望月家系図

望月出雲守重勝十五代

望月政右衛門改書写。

伊勢山田郡山田地方ノ地主、大己貴命第弐御子建南方命ト号ス。諏訪望月ノ祖ナリ。其苗裔信濃国住人諏訪信濃守甲賀三郎兼家廿七代。

、、、、、

甲賀三郎兼家

望月信濃守兼政

望月信濃守重宗

望月越中守兼国

望月弥太郎兼乗　天文四年六月六日武田信玄ノ為メニ亡サル。

望月出雲守重勝　松寿丸
望月家ノ祖ナリ。神保篭城。

天文四年六月六日、諏訪城落城ノ際、臣神保八郎武国、搦手ヨリ松寿丸三歳ノ時逃レテ、御里神保ニ帰リ、時節ノ來タルヲ待チ、諏訪家再興ヲ計ラレシニ、其敵武田ハ織田信長ノ為メニ亡サレ、佐々木承禎ノ旗下トナル。知行弐千百五十石。

（以下ナシ）

武田に追われた信州・望月氏の一派が、甲賀の望月氏に習合し、甲賀三郎兼家の子孫と称し、後に「佐々木承禎」の下に参じたという。武田信玄に信州を負われた望月氏が、甲賀と交流のあったことは、後にあげる柑子・望月氏の子孫である望月康家所蔵の「望月滋野景図」によって知られる。

# 第三章　甲賀三郎物語の生成

## 甲賀三郎物語の話型

甲賀三郎物語を単純化してタイプ（話型）によって示すと、およそ次のようになる。

Ⅰ　甲賀三郎は、姫君（北の方）が魔王（鬼輪王）に誘拐されたことによって（あるいは兄弟の論争によって）、魔王（鬼輪王）を尋ねて、各地の山めぐりに赴く。〈魔王探索〉

Ⅱ　信州の蓼科山（あるいは若狭の高懸山）に、魔王の跡を見つけ（あるいは鬼輪王を退治して）、深い人穴を見出す。三郎は、その人穴に入って、姫君を発見、これを救い出す。〈姫君救助〉

Ⅲ　三郎は、姫君が忘れた形見の鏡を取るために再び人穴に入る。兄弟の裏切によって、地上に戻ることができない。〈兄弟の裏切〉

Ⅳ　やむなく三郎は、地底の国々を巡り、鹿狩国に着く。その国の主・鹿狩の翁の歓待を受ける（あるいは乙姫と契りを結ぶ）。帰国に当たって三郎は大鹿を射止める。〈地底国滞留〉

Ⅴ　鹿狩の翁は、鹿餅を用意して三郎を送り出す。三郎は鹿餅を食べながら、地上の浅間ヶ嶽に出る。　　〈地上帰還〉

Ⅵ　三郎は甲賀に戻るとき、自らが蛇体と変じていることに気付く。釈迦堂（あるいは観音堂）に隠れていると、老僧が現われ、蛇体を脱する方法を三郎に教える。それによって三郎は人間に戻る。　　〈蛇体脱皮〉

Ⅶ　三郎は姫君（北の方）と再会、兄弟に報復した後に、信州の諏訪の神と示現する。　　〈諏訪神示現〉

右のような話型に集約されるのであるが、この話型は、世界各地に伝承・伝播されたＡＴ（A.Aarne, S.Thompson : The Types of the Folktale）の三〇一の「奪われた三人の王女」（熊のジョン」）に類するものである。つまりこの甲賀三郎の物語は、日本において独自に伝承されたものではない。したがってそれは、諏訪信仰の文化の衣をまとって再生されたと言うべきである。その再生の編者は、当然、甲賀・望月氏のなかに求められることとなる。

## 甲賀三郎物語の二系統

およそ甲賀三郎物語のテキストには二つの系統がある。それは主人公の名を「諏方《よりかた》」と称する「諏訪縁起」諸本と、「兼家」とする「諏訪の本地」のそれである。前者は、南北朝時代に編集された『神道集』に収載されているものがもっとも古い。後者は、室町時代に流行した本地物語（神々の前生物語）に類する諸本で、しばしば絵を伴うことのあるテキストである。しかもそれは、活躍の舞台となる山々、あるいは誘拐された姫君、蘇生した堂宇などにおいて、いささかの異同がある。それをあげると、次のようになる。

「諏訪縁起」

諏方系——三郎は伊吹山の巻狩の時、魔物に奪われた妻の春日姫（春日権守の娘）を尋ねて山廻りをし、蓼科の嶽の人穴で姫を発見して助け出したが、二郎の謀略で地底にとじこめられる。地下の国々を遍歴した末、維縵国の姫と結婚して十年余を過ごした後に地上に帰され、甲賀の釈迦堂において蛇体を脱し、春日姫との再会を遂げて、二人は諏訪の神と顕われたという。

「諏訪の本地」

信州、諏訪大社・本宮

信州、諏訪大社・前宮

兼家系─近江国の甲賀権守の子、太郎・二郎・三郎の三人兄弟が魔物を求めて諸国の山々を廻り、若狭の高懸山で三郎は鬼輪王を退治して、洞穴の底に捕らわれていた女を助けたが、兄たちの奸計にあって穴の底に取り残された。しかし、地底にある維縵国《ゆいまんこく》の主の情けで、蛇身に身を変えて日本に帰ることができた。三郎が助けた女は実は三輪の神女で、鬼に捕らわれた神女を救うために、神々が甲賀三郎を使ったのであった。神仏の方便で甲賀の観音堂において蛇身を脱した三郎は、三輪の姫神と結ばれ、それぞれ諏訪の上宮と下宮に鎮座したという。

しかしその「諏方系」のテキスト（伝承）は、信州・諏訪本社を中心とする東日本に分布し、「兼家系」は洛中・京都の諏訪社を中心とする西日本に伝播する。その伝承と伝播の異同は、これを運搬する諏訪神人《じにん》（諏訪信仰を広めるため各地を歩く下級の神職）の拠る信仰圏によるものと推される。ちなみに近江・伊賀地方における甲賀三郎物語は、後者の兼家系に属するものである。

## 甲賀三郎物語の生成

この物語の原拠が、甲賀・望月氏に求められることは既に述べている。それは最初は、甲賀望月氏が諏訪神人として甲賀に土着する頃に誕生した始祖・英雄伝説であったと推される。その望月氏が飯道山の文化圏に糾合されるとき、原本が成立した。その飯道山ははやく大和の三輪修験の影響を受け、やがてそれは釈迦信仰を擁する春日系と観音信仰を旨とする三輪系に分派する。甲賀三郎物語は、それぞれによって「原諏訪縁起」、および「原諏訪の本地」を生成、それがやがて信州・諏訪社に及びそれぞれの信仰圏によって「諏訪縁起」、および「諏訪の本地」と形成せしめたものと推される。これを図に示せば、次のようになるであろう。

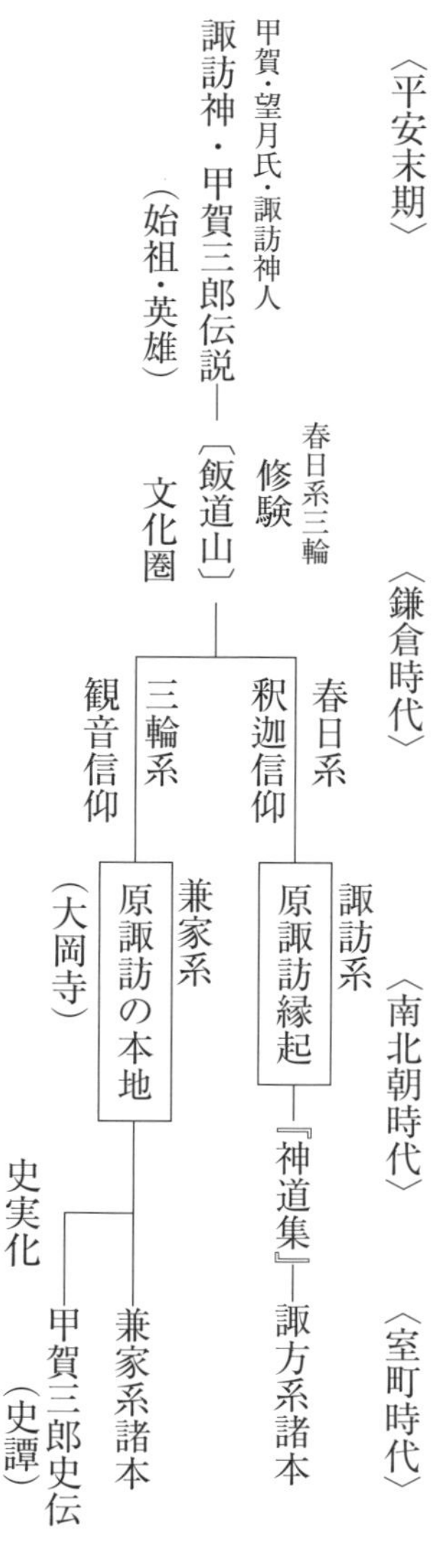

第四章 水口・大岡寺と甲賀望月氏

## 京洛の甲賀三郎物語

寛文五年（一六六五）刊の『京雀』巻二には、京都・諏訪社に伝わる甲賀三郎物語を掲げている。およそ洛中には、諏訪社が二ヶ所に見出される。一つは東洞院通六角より蛸薬師までの御射山町《みきやま》（諏訪町）に祀られていた。祭神は建名方命《たけみなかたのみこと》で、祭日は本社の狩祭・御射山祭《みきやままつり》に準じて旧七月二十七日である。これはおそらく鎌倉末期、北条氏と命運をともにした諏訪祝《ほおり》家《け》が衰退するなか、その支流に属した小坂円忠が、足利尊氏に仕え、諏訪本社の復興に尽力した。その小坂（諏訪）円忠の住所跡が当地であるので、この諏訪は円忠が勧請したものと推される。もう一つは下京の両替町通・下諏訪町に鎮座する諏訪社である。祭神は同じく建御名方命で、祭日は旧九月十七日、勧請は坂上田村麿、再建は源義経と伝える。それは確かに東洞院通りのそれよりも古い。かつてこの境内は広く、多くの魚鳥が群栖し、諏訪の池（諏訪の堀）を擁していた。しかして『京雀』は、その由来を次のように伝えている。

鹿食免の神箸を配った下京の諏訪神社

むかし近江国甲賀《かうか》の邑《むら》に甲賀《かうか》の太郎次郎三郎とて兄弟三人あり、つねに山をめぐり鹿《しか》をころして世を渡るいとなみとす、ある時三人つれてわかさのくにたかかけ山にわけいりけるに、この山の神、大蛇《じや》となりてあらはれ出たり、三郎これとたゝかふて、つゐに其神をころす、兄二人鹿《しか》をとるにさまたけありといかつて、三郎を谷そこにをしおとす、三郎死《し》せずして大じやのかたちに変《へん》じければ、そのすむところに穴《あな》出來たり、三郎この穴《あな》にいりてしなのゝ国こなぎのおはらにぬけ通《とを》る、三郎が妻子《さいし》は悲しみ歎きて、くはんをんだうをつくりて跡《あと》をとふらふ、かくて三十三ねんにあたる日三郎故郷をゆかしく思ひて甲賀《かうか》に帰る、里人おそれまどふ、三郎わか形ちの浅ましくなりたる事をかなしみ、くはんおんどうのえんのしたにはひいりわだかまりて、一しんに観音《くわんをん》を称念《せうねん》しければ、大じやの形《かたち》もぬけてもとの三郎となる、妻子大によろこびけるに、兄の太郎も次郎もおそれて自害《じがい》す、三郎は甲賀《かうか》のあるじとなりつゝ、家さかえ、つゐにしなの、国に飛さり、後に人の夢に、われはすはの明神のけしんなりとつげ侍べり、そのくはんをんどうは今の水口《みなくち》の宿《しゆく》にあり、三郎が子は後に都にのぼり、今このすはの町にすみけるゆへに名とす、京にある人もし鹿《しか》を食《しよく》せんとするには、此家にまいり明神をおがみ、白《しら》箸《はし》一前《ぜん》をうけて帰り、その箸《はし》にて鹿《しか》をくらへば子細なしといふ、

三郎の入った人穴の地は「たかかけ山」としており、蛇体を脱する堂宇を「くわんをんどう」とするので、これは兼家系の伝承である。肉食を禁じられていた時代に、鹿を食せんとする者は、当社に詣り、明神をおがみ、白箸をうけて帰ったとするのは、これは本社の発布した「鹿食免」に準ずるものである。諏訪社は、明神のご意志によって、鹿食を認めており、それは公にも認められていたのである。ちなみに『都名所図会』も「獣肉食ふもの此社の神箸を受けて汚穢なし」と記している。しかも三郎が蘇生した堂宇は、「水口の宿」としているので、

杣庄の氏神「矢川神社」

この伝承の源は、甲賀・水口の大岡寺の伝承を享けるものと推される。

## 小山九兵衛著『甲賀由緒概史略』

およそ甲賀・望月氏の住する地域は、中世の杣荘に含まれる。その杣荘は古代に東大寺に供する「甲賀杣」を産することに始まる。したがってその杣川の流域には、その山林が広がり、多くの「杣」（大工）が擁されていた。その中心が、「延喜式」に見える矢川神社である。当『甲賀由緒概史略』は森尻鎮座の矢川神社所蔵の書物で、深川の宮大工・小山九兵衛なる者が、明治十三年の筆にしたものである。しかも本書には、系図類などをそのまま筆写したと推されるものが含まれており、それには「甲賀三郎之事」が収載されている。

「甲賀三郎之事」第一部

それは、まず冒頭に、

伊勢山田之地主大己貴《オオナムチ》第二ノ御子、建御名方命《タケミナカタノミコト》ノ苗裔、是諏訪望月之祖ナリ。信濃ノ国ノ住人、諏訪源左衛門尉重頼ノ子三人アリ。嫡男望月信濃守重宗、次男諏訪美濃守貞頼、三男望月隠岐守三郎兼家

とある。次いで甲賀三郎物語をあげる。

此三男三郎兼家ト申ス者ハ、智仁有テ勇猛豪傑ナリ。常ニ観世音ヲ信仰シ、日夜、山野ヲ馳廻リ、狩人ハ至極名人ナリ。故ニ昼夜ヲ厭ハズ、木曽ノ山中ヨリ大ナル猪ヲ追テ、同郡杣之谷柑子村ニ来リ、山間住居ノ狩人ニテ居ル。故ニ里人饗応致シクレルヲ幸ヒ、其辺リヲ狩リ廻リテ、遂々狩人ノ其誉レ高シ。世上ニ隠レナシ。

其頃、国々所々ノ大山ニ御狩コレ有リ。三郎兼家御召出テコレ有リ。時ニ醍醐天皇ヨリノ勅命。若狭国甲掛山ノ御狩、仰セ付ケラル。兼家信濃国ノ親族ノ者連レ来リ、甲掛山ノ

獣退治ハ目出相済シ、陣ニ居テ休足ス。然ル処、三男兼家、父ノ寵愛深シ。黎民ノ崇敬ハ、他ニ超エタリ。重宗・貞頼申シ合セ、当山衣崎ノ山頭ニ竜ノ穴有リ。酒宴ニ事寄セ、終ニ押落ス。

兼家、兄弟ニ押シ落サレ、竜宮ノ地汐ニ滔入《アフレイ》リ、只夢心地シテ、一月余ヲ歴テ、観世音ノ御利益ニテ蘇生ス。吾日本ノ光明サス、其ノ明リニシタガイ、出ル処ハ近江国、是ヨリ京着シ、奏聞仕リ給ヘバ、京都両替町松原下ル処、二十町ヲ兼家ニ下サレ、此町ニ住居シテ、諏訪大明神ヲ勧請ス。兼家、応永三拾壱年、江州ニ退ク。京都ニ諏訪町残リ、コレ有リ候フ。

右によると、甲賀三郎は、狩猟の名手であったという。醍醐天皇の勅令によって、若狭の甲掛山の御狩に参じ、獣退治をみごとになし遂げるが、兄の重宗・貞頼によって、竜の穴に押し落とされる。しかし一ヶ月余を経て、観音のご利益によって蘇生、近江より京に上って帝に奏聞するに、両替町松原下る処の二十町を賜る。そこで当地に諏訪明神を勧請し、今に諏訪町が残ったという。ほぼ先の『京雀』の甲賀三郎物語に準じている。しかし『京雀』は、夢とは言え、自らが諏訪明神の化身であると示現しているのであるが、ここでは兼家が諏訪明神を勧請して祀ったとしている。これは、元来、甲賀三郎は諏訪明神に示現したと語る本地物語を脱し、その伝承の歴史化を試みていることになる。しかもその時代は醍醐天皇の御世のこととする。これも伝承の史実化である。その兼家が「応永三拾壱年」に江州に退くとあるが、それは醍醐天皇より遥か後のことで、時代的に矛盾がある。それは甲賀の塩野村に、諏訪明神を勧請した史実とかかわる叙述である。

## 「甲賀三郎之事」第二部

この『甲賀由緒概史略』の「甲賀三郎物語」は、さらに続く。

天慶二年朱雀院ノ御時、下総国相馬郡平将門謀反、其叔父常陸助平国香ヲ殺シ、恣イ侭ニ逆威ヲフルウ。国香ノ子息平貞盛・藤原秀郷、親ノ敵ト朝帝へ御願、院宣ヲ頂戴ス。兼家勅命ニ依テ、加勢ヲ仰セ付ケラレ、兼家先陣シテ下総国相馬ノ逆内裏ニ押寄セ、将門ヲ討テ、猿嶋平定シテ、貞盛・秀郷ハ究竟ノ仇成就ナリ。兼家軍功ニ依テ、当甲賀郡六万石ヲ賜フテ、近江守ニ転任ス。兼家ノ嫡男、伊賀半国ヲ賜フ。伊賀守子孫茲ニ継グ。次ニ鹿家食事ノ事、京都住居ノ節、神ノ諏訪大明神ヲ窺フ。次男望月備前守重元、近江国甲賀村四辺ヲ領シ、京都へ出勤ス。望月信濃守重則後ニ沙弥良仙ト号ス。応永三十一年甲辰十一月二日、同郡小杣路村ノ内、平尾ノ地ニ、諏訪大明神ヲ建立シ、禁中御番相勤ム。当今塩野村ノ事、翌年水口岡山ニ願仏ノ観世音ヲ勧請ス。竜王山大岡寺ト称ス。甲賀古士ノ守神ハ、塩野村諏訪大明神ナリ。祭礼ハ七月二十七日、本地仏ハ、水口大岡寺ナリ。

すなわち甲賀三郎は朱雀院の御世に起こった相馬の将門の乱にも功績を重ね、甲賀郡六万石を賜わり、近江守に転任、その軍功は嫡男に及び、伊賀半国をいただくという。さらなる歴史化である。しかる後に再び兼家の京都在住に及び、鹿家食事について、諏訪明神の神託を受けたとする。しかして兼家の次男が近江国の甲賀を領し、そこより京都へ出勤したとする。その人物を「望月備前守重元」とするのは、ここからは、諏訪明神の塩野村勧請の史実の叙述に入ったことを意味する。つまり、その父に当たる「望月信濃守重則」は、沙弥良仙と号し、応永三十一年に塩野村に諏訪明神を勧請したという。それのみならず、兼家が霊験を蒙った観世音を水口の岡山に勧請、竜王山大岡寺と号し、塩野諏訪社の本地仏と祀ったとする。その塩野の諏訪社の祭日は、本社の御射山祭に準じて、七月二十七日に定めたと伝えるのである。

## 竜法師・望月保家蔵「系図」

さて竜法師の望月氏は、多く飯道山修験に属していた。先にあげた忍術屋敷の望月秀祐家の先祖も、本実坊と称する修験であった。次にあげる同竜法師の望月保家は、「蔵之坊」と称する飯道山修験の家筋であった。その望月保家には、甲賀三郎兼家の事績を叙した「系図」が所蔵されている。先にその奥書をあげると、次のようである。

右者、系図譲シ者、末世ニ到ル迄大切ニ致シ、睦シク相鋪ケ、互ニ正月ニハ諏訪社ニ参詣、相互ニ年頭相勤メ申スベシ。猶委シクハ、本家ニ別系コレ有ルモノナリ。

于時嘉永四癸亥八月上旬ニコレヲ写ス。

望月直江　兼行（花押）

同苗松治郎　兼存（花押）

この望月直江・松治郎は野田に住し、嘉永年間には、塩野の諏訪社を祀る望月一統の代表的存在であったと推される。その系図を書写し、ともに正月には諏訪に参詣し年頭を相勤め、一統の結束すべきことを誓ったものと言える。それは、次のように叙されている。

系図

伊勢山田之地主、大己貴命第二御子、建御名方之命、是諏訪望月之祖也。夫ヨリ二拾八代之苗裔信濃国住人、清和源氏、諏訪重頼、源左衛門尉、望月重宗・信濃守、諏訪貞頼・美濃守、望月兼家定紋月ニ星九曜、丸之円梶葉、梶葉筆拍

隠岐守三郎、父重頼寵愛尤モ深シ。黎民之崇敬他事ヲ超タリ。重宗・貞頼中シ合セ衣崎ノ山頭ニ竜穴有リ。遊宴ニ事寄セ、終ニ押落ス。于時醍醐ノ御宇、一月ノ余リヲ歴テ、出ル処ハ近江国甲斐郡、水口郷綾野岡観音堂、壱寸八分尊像ノ庵室ハ、兼家ノ古跡也。抑、此尊像ハ、父重頼ガ帰依シ、而シテ兼家寵愛ノ余リ、幼子ノ節ニ附属ス。兼家京都ニ着後、朱雀院ノ勅命ニ依リ、東夷一乱ヲ鎮ム。近江守ト名ヲ改メ、諏訪町居住之節、神霊ヲ窺ヒ、鹿食ノ穢レヲ除ク。則チ詫文ニ曰ク、業尽有情、雖放不生、故宿人天、同証仏果。外ニ秘歌有リ。兼家後入道シテ与阿弥ト改ム。本国ノ氏神・諏訪大明神ヲ信仰シ、応永弐拾五年、塩野村江勧請奉リ、御祭札ハ毎年七月廿七日、同村之長民コレヲ尊敬ス。并供田敷地ノ反別ハ、公辺ヲ経テ、コレヲ除ク。勿論別紙絵図ノ通リ、其外、委クハ棟札ニ有リ。（後略）

右の甲賀三郎物語は、先の『甲賀由緒概史略』に近似しており、あるいは相補うものとも言

える。兼家について「定紋月ニ星九曜、丸之内梶葉、梶葉筆拍」は、甲賀・望月氏が諏訪明神の梶葉の紋を継承することを記したもので、この一統がかつては諏訪神人に属していたことを示すものと言える。ちなみに今日、塩野・望月氏の墓石をうかがうと、これが記されているのである。しかしてその甲賀三郎物語は、およそ『甲賀由諸概史略』に準じ、いささか簡略化して叙されているが、その兼家が京都居住の折、鹿食の穢れについて、諏訪明神の神託として、「業尽有情、云々」の偈を賜わったとするは、この方が詳しい。言うまでもなく、これは「諏訪の文」と伝えるものであり、その秘歌は、それを釈するもので、およそ「野辺ニ住ムケタモノワレニエンナクハウカリシヤミニナオマヨハマシ」(『神道集』)などと伝える。しかして塩野村への諏訪明神の勧請を「応永弐拾五年」と叙すが、これを兼家自身が入

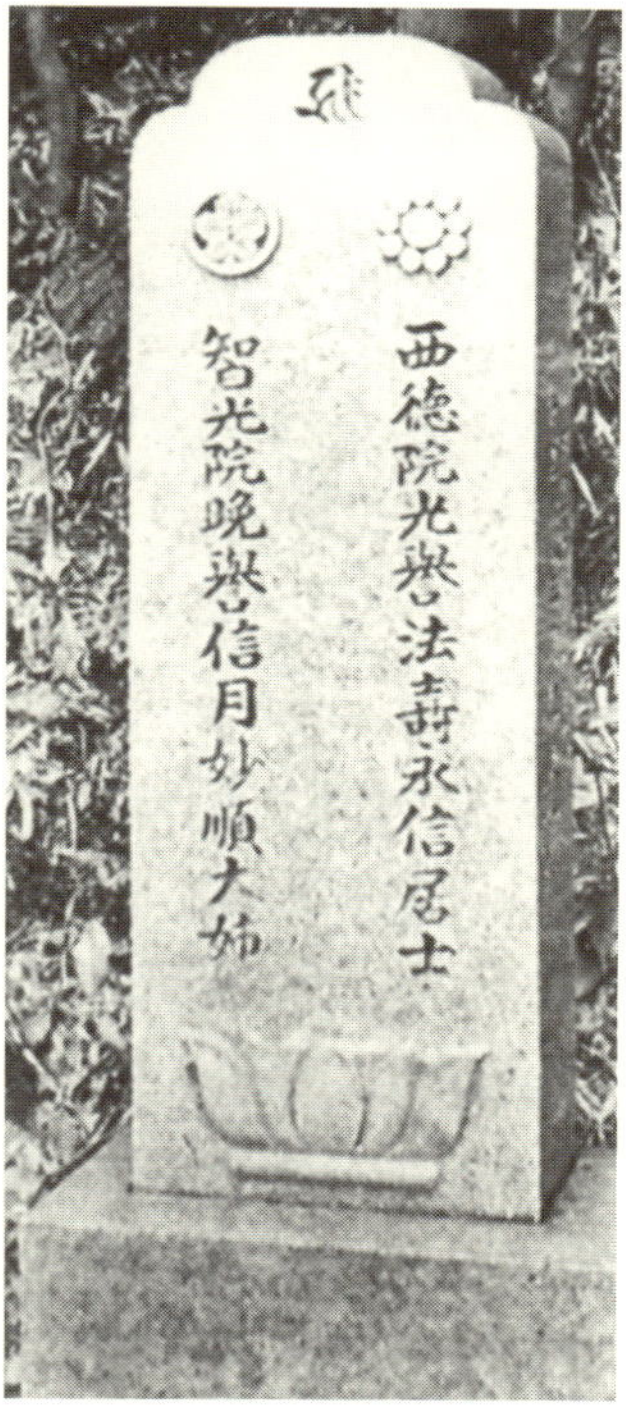

塩野・望月家の墓石

伊勢参宮名所圖會　巻之二

伊勢参宮名所図会　巻之二

道して「与阿弥」と号したとするのは、やはり時代的に矛盾がある。甲賀三郎物語を歴史化し、それを諏訪明神の塩野村勧請の史実に繋ぐときに生じた叙述の不手際と言える。

## 水口・大岡寺の甲賀三郎物語

当大岡寺には、古くより正面に観音を祀る本堂があり、その右手に鎮守の諏訪社がある。その前の竜神池は、甲賀三郎蘇生のものと伝える。左手に行者堂があり、役行者を祀る。それは当寺が熊野修験の拠するところであることを示す。飯道山修験に属したものと推される。

寒川辰清の『近江輿地志略』（享保十九年）は、この大岡寺については次のように紹介する。

同岡山の麓にあり。龍王山大岡寺観音院と号す。

水口・大岡寺

甲賀の里と甲賀三郎伝説との関係は深く結びついており、ここにも諏訪社がある。

水口・大岡寺行者堂

白鳳年中の草創、行基の開基也。本尊十一面観音三尺余、則行基の作なり。相伝、甲賀三郎兼家守本尊と。（中略）天台宗比叡山延暦寺の末寺なり。

とあり、最後に「〔諏訪大明神社〕大岡村の境内にあり。大岡寺の鎮守なり」と結ぶ。しかもその中間に『羅山文集』を引用する。それは「余、一ノ縁起ヲ見ルニ、甚ダ卑俚ニシテ云フニ足ラズ」としながら、その本文の要約を示している。

昔、甲賀三郎兼家、兄太郎・治郎ト共ニ、衆山ニ遊ブ。兼家、高懸山窟に入り、鬼輪王ヲ射殺ス。時ニ太郎・次郎穴ニ陥シテ掩フ。兼家化シテ蛇ト為ル。其窟ハ信州水莇松原ニ通ズ。妻子大ニ悲シミ此堂ヲ立テテ弔フ。三十年ヲ経テ、松原ヨリ出テ、己ノ蛇躯タルヲ知ラズ、故家ヲ問フ。家人甚恐レ、敢テ近ヅカズ。見レバ皆驚キテ走ル。兼家甚ダ愧《ハ》ジコレヲ憂フ。夜寺ニ入リ堂板ノ下ニ蟠ルニ、観音力ニ依テ故ニ脱シ、本身ニ復シ、漸ク家ニ帰ルヲ得タリ。妻子一タビ怪ミ一タビ驚ク。終ニ甚ダ悦ビ、且悲シミ且泣ク。手ヲ握リ共ニ夫婦父子、故ノ如クナリ。是ニ於テ、太郎・次郎ハコレヲ聞キ、懼《オソ》レテ遂ニ自殺ス。三郎果シテ甲賀郡ノ主ト為ル。

その林羅山が見たとする「縁起」はいかなるものかは知られない。筑土鈴寛氏引用の「竜王山大岡寺略縁起」、あるいは同氏旧蔵の「大岡実録観世音利生」に準ずるものかと推される。

## 望月善吉家蔵「諏訪の本地」

しかるに、昭和三十六年、わたくしは、たまたま甲南町杉谷の望月善吉氏を尋ねて、書名がないが、いわゆる「諏訪の本地」の一書をみる。ちなみに同家も塩野の諏訪社を氏神とし、甲賀三郎の末裔を称される。この一本は近世末か明治初年のものであるが、袋綴じの第一丁のなかに、原本が隠されており、それは江戸初期に遡るものである。しかも本文の後には「近江大岡寺棟書云」で始まる大岡寺の縁起が記されている。それは、甲賀三郎物語の異伝とも言うもので、太郎・次郎・三郎の三人は、八十三万六千四百年、当岡寺に過し、太郎は白髪大明神、次郎は山王権現、三郎は諏訪大明神に現じたとする。白鳳年中、行基菩薩が大岡の三郎の跡を訪ね、三郎の作った千手千眼の観音を見出し、大岡寺の頂上の堂宇にこれを収めて祀ったという。

しかして「諏訪の本地」の本文は、次のように始める。

天竺十六大国ノ中ニ、波羅奈国ト云国アリ。彼国ノ大王、七人ノ姫宮ヲ持給フ。時ニ内

望月善吉氏所蔵「諏訪の本地」（一丁袋綴内の本文）

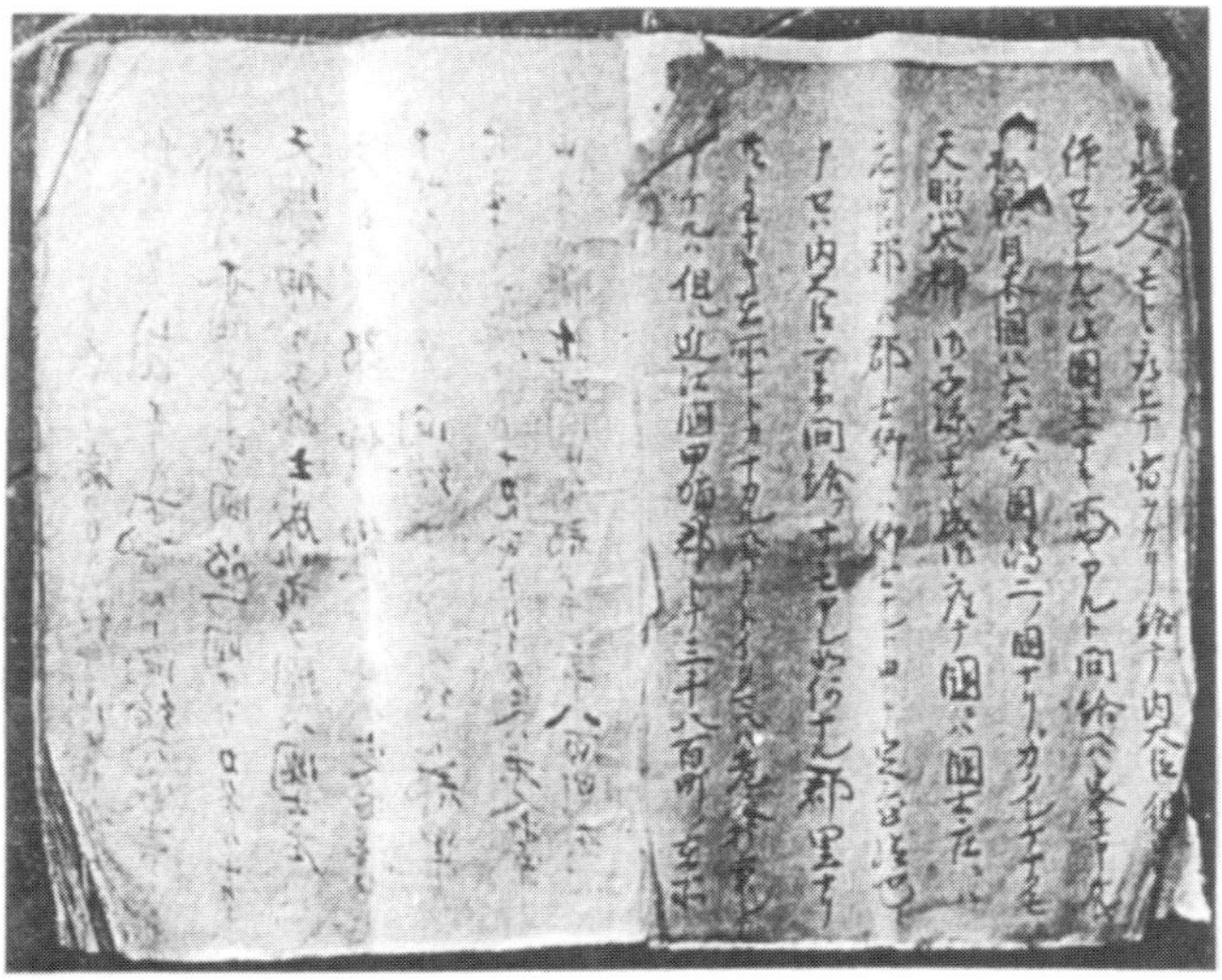

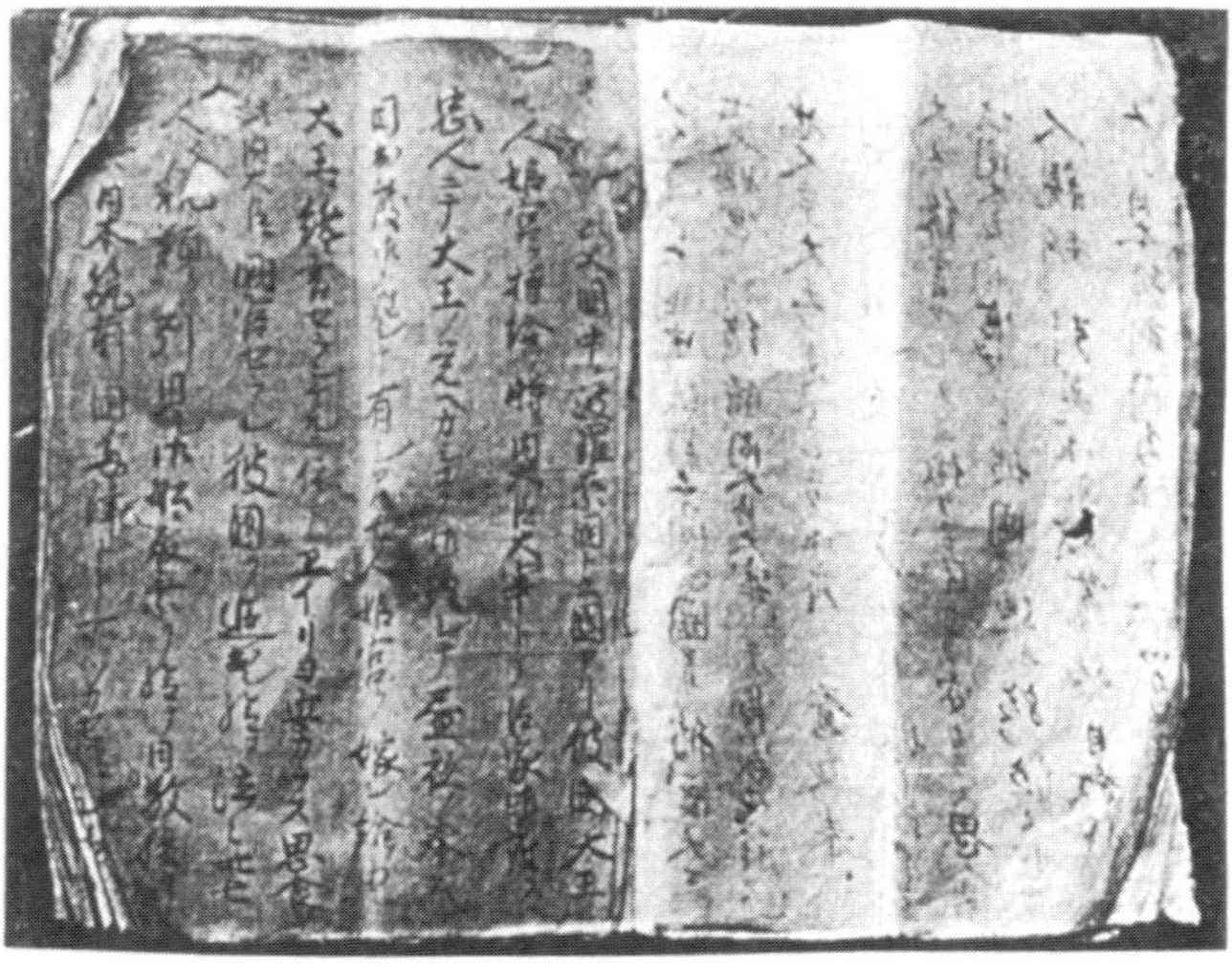

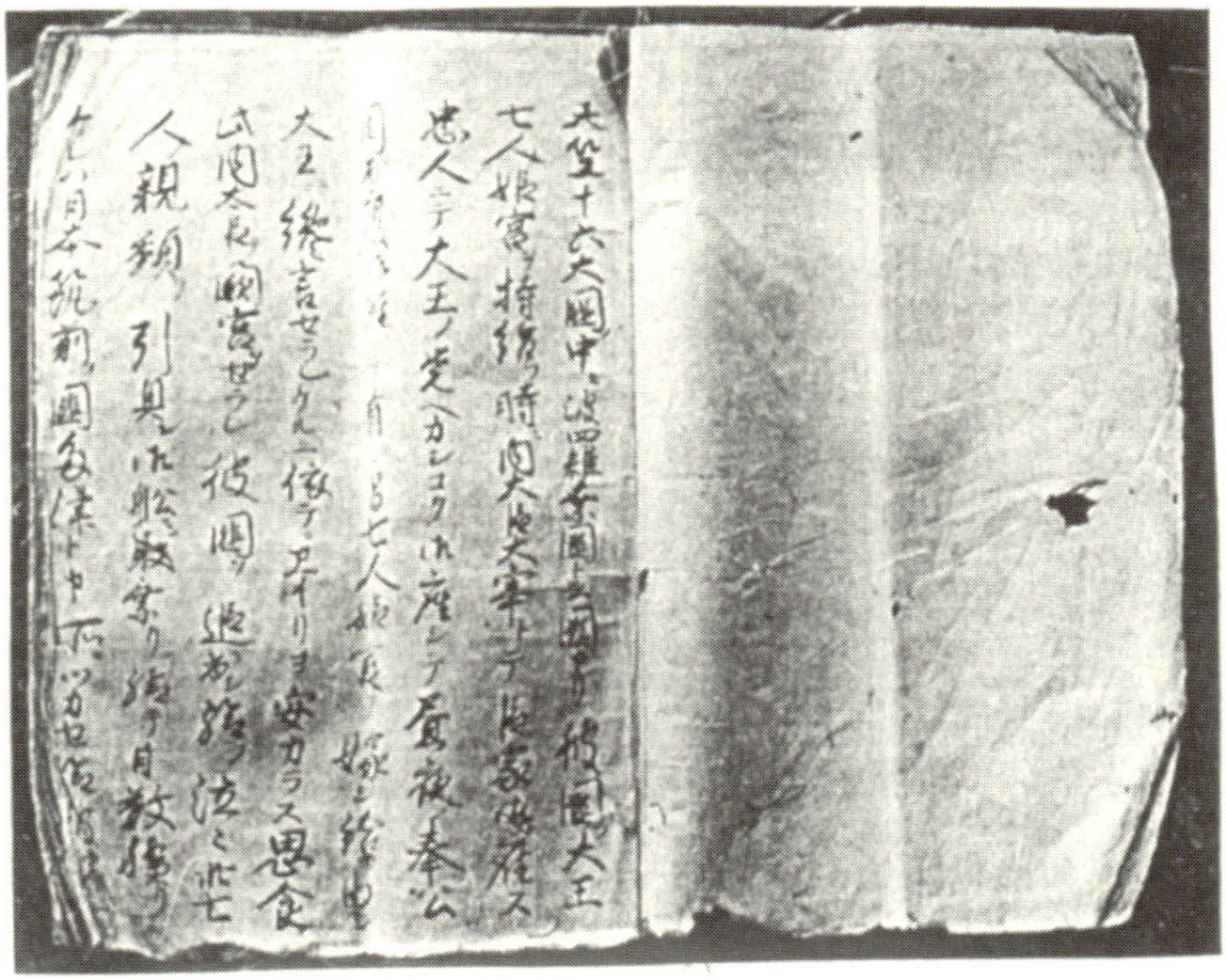

（二丁表・本文）

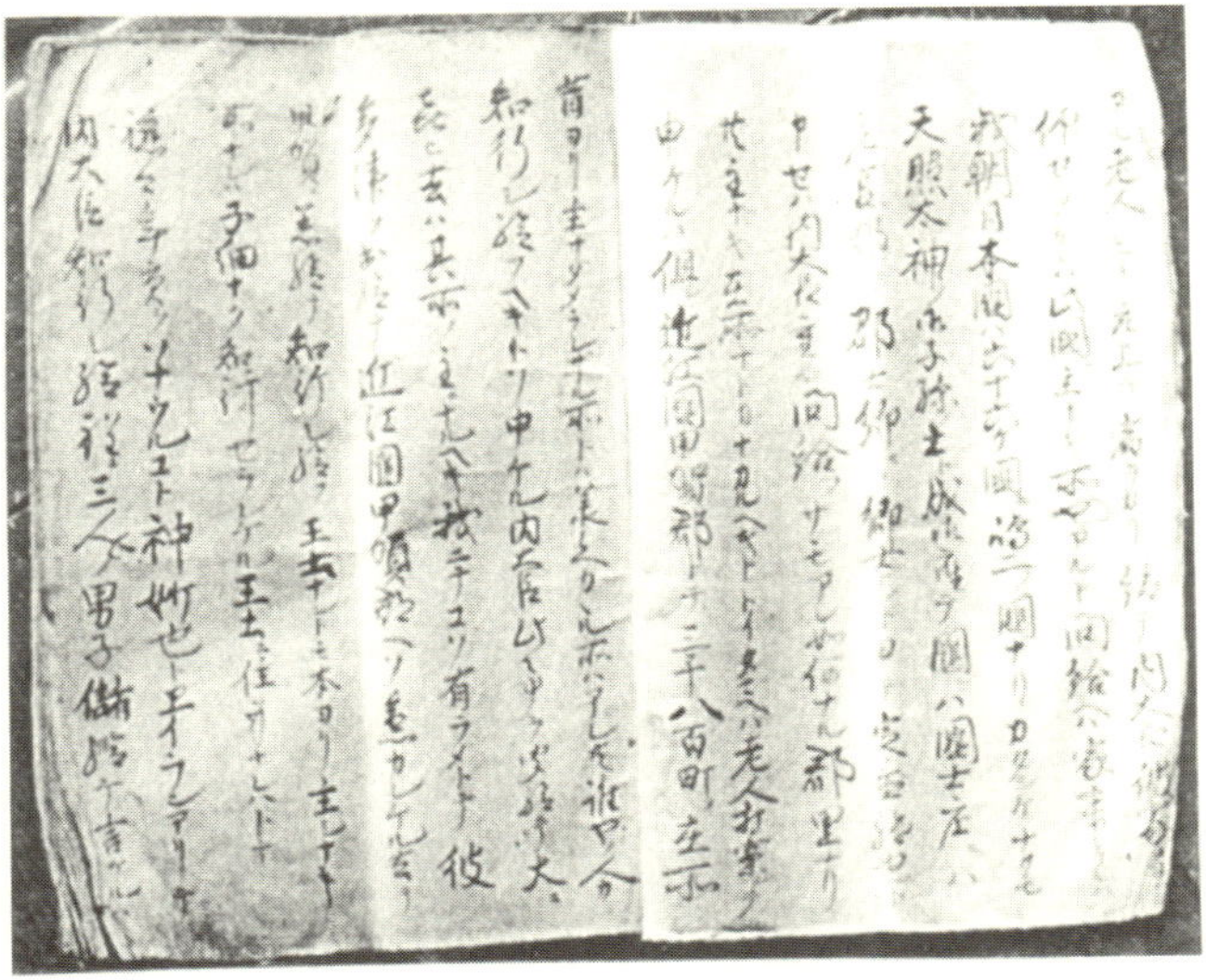

（二丁裏・三丁表の本文）

大臣大宰トテ臣下御座ス。忠人ニテ大王ノ覚エカシコク御座シテ、昼夜ノ奉公目出度御座シ有シ間、七人ノ姫宮ヲ嫁シ給フ由シ、大王ニ纔言セラレケルニ依テ、エイリヨ安カラス思食ス。此内大臣ヲ闕官セラレ、彼国ヲ追出シ給フ。泣々卅七人ノ親類ヲ引具シ、御船ニ取乗リ給テ、日数積リケレハ、日本筑前ノ国多津ト申所ニツカセ給フ。彼ノ津ニアル老人ノモトニ取上テ宿ヲカリ給テ、（中略）如何ナル郡里ナリ共、主ナキ在所ナトナカルヘキトトイタマヘハ、老人打案シテ申ケルハ、但シ、近江国甲賀郡トテ、三千八百町ノ在所ヨリ、主サダメラレザル所トハ承也。（中略）内大臣、此事ヲ聞給テ大ニ喜ヒ、去ハ其所ノ主ニナルヘキ我ニテコソ有ラメトテ、彼多津ヲ出給テ、近江国甲賀郡ヘソ急カレケル。

つまり甲賀を知行する甲賀権守兼藤は、元は天竺波羅国の内大臣であり、その内大臣が国を追われてわが国に至り、甲賀の主となったとする。しかして、甲賀太郎兼定、甲賀次郎兼満、甲賀三郎兼家の三人を儲け、やがて兼家を中心とする物語を展開する。その叙述の内容は、およそ他の「諏訪の本地」に準ずるものであるが、特に大岡寺の行者堂とかかわって、当寺寄宿の山伏を登場させることが注目される。そしてその最後は、三郎夫妻が本地を普賢とする上社の諏訪大明神、および千手観音を本地とする下社のそれに示現されたとして、次のように結んでいる。

神ハ本地ヲアラハシ申ハ、三熱《ネツ》ノ苦ヲヤスメ玉フ。相構テ大明神ヲ奉テ信仰参ン人ハ、同心ニ本チヲ申ス。又人々モ、語リ申セテ、神徳ヲ蒙ルヘキ也。(後略)

ちなみに本書の全文は、昭和三十七年発行の『伝承文学研究』第二号に翻刻して掲げている。

第五章　伊賀一の宮の甲賀三郎物語



## 横山重氏蔵「すはの本地」

かつては兼家系の「諏訪の本地」の孤本として重視されたのが、横山重氏旧蔵の絵入りの江戸初期写本「すはの本地」であった。その本文は、右にあげた望月善吉氏本などと、大きく異同するものではないが、その最後に「于時《ときに》白鳳十六年丙子《ひのへね》六月十八日　行基書畢」と書して、近江の大岡寺のつながりを見せる。しかしてその奥には、次のような叙述が示されている。

　そも〳〵、いかの国のやしろゐ御やうかう、元始《げんし》をたつねたてまつるに、仁王四十八代、称徳天王《しやうとくてんのう》の御宇《ぎよう》、神護慶雲《じんごけいうん》年中、南山杉の本《もと》、大せきしやうに、やうかうし給ふ。三とせの後、きたのたけへ、うつり給ひ、こくちうの、人みんを、まほり給ふ。おんてきかうふく、きみやうとくにおよひしかは、一こくのしよにん、しんてんを、さうりうしたてまつり、ほうらんしゆけつをみかく。（略）

すなわちこれは、諏訪明神の一の宮降臨を叙するもので、それは最初は南山杉の本の大石上

甲賀・甲南町、伊賀一の宮地図

に影向、三年の後に北の峯に移りなさり、そこで神殿を建立して祀り申し上げたというのである。しかしてさらに一の宮の本社について

右ふし見るに、たうしや、かんこくつ大神は、本地、しやうくわんちさいほさつの、すいしやくなり、三十三しんの、はるのはな、ふけんしきしんの、においこまやか、十九せ

服部川南より南宮山をのぞむ（昭和三十六年頃）

つほうの、秋の月、ちさい神のうの、ひかりほからか。（後略）

と結ぶ。あくまでも諏訪明神は、本地を聖観音とする敢国津大神を祀る一の宮に添えて祀ることをことわっていると言える。

## 青木福松家の『竜法師古来記』

ところで、甲賀三郎の事跡が、伊賀に及んだことは、先の『甲賀由緒概史略』も「兼家ノ嫡男伊賀半国ヲ給フ。伊賀守ノ子孫コレヲ継グ」と叙していた。竜法師在住の青木福松氏（昭和十年没）の『竜法師古来記』もまた次のように叙している。

竜法師開墾記

（前略）醍醐天皇御代ニ、信濃国ノ望月ノ明府、此所ニ印ス。望月家元祖信濃国諏訪源左衛門尉重頼公トアル。人皇六十一代朱雀天皇御代甲賀郡司惣大将トナリ、甲賀三郎兼家竜法師ノ里ニ御留マリ玉シカ、後ニ伊賀国ニ任セラル。

すなわち竜法師は、信濃・望月氏が初めて住する所で、その望月氏の元祖は、諏訪源左衛門尉重頼公と称したとする。しかして朱雀天皇の御世、つまり相馬の将門の乱に、惣大将と成った甲賀三郎兼家も、竜法師の里におられたが、後に任を得て伊賀国に赴かれたという。また同書は、次のように叙している。右と重複するのであるが、あえて挙げてみる。

甲賀三郎兼家公ノ略記

信濃国諏訪源左衛門尉重頼公ノ三男、三郎隠岐守兼家ト云フ。遠祖神裔大己貴命《オオナムチノミコト》第二ノ建御名方命《タケミナカタノミコト》ハ、諏訪大明神ナリ。朱雀天皇ノ御世ニ、幼名三郎ト呼ビ、甲賀郡大郡司トナリテ、甲賀三郎兼家公ハ大将トナリ竜法師ニ留リ、其後御内室ノ初男重兼、次男兼重ノ二人ヲ竜法師ニ残シ、父君甲賀三郎兼家ハ伊賀国ニ任セラル。（後略）

ここでは、甲賀三郎兼家の遠祖は、建御名方命であり、兼家はその諏訪大明神の神裔であるとことわる。しかして初男重兼、次男兼重の二人は、竜法師に留まり、父の兼家は伊賀国の職に任じられたとする。つまり甲賀の望月氏は、一部を竜法師に留め、その本流は伊賀に移ったというのである。

## 敢国社の甲賀三郎物語

これに対して伊賀側の地誌である『伊水温故』（貞享四年）は、一の宮・敢国社について「本宮三座、少彦名命（杣人ノ影像也）、金山比咩《ビメ》（蛇形蟠容像）、相殿甲賀三郎霊儀（十一面観音像）」と叙し、甲賀三郎については、次のように叙している。

甲賀三郎兼家ノ尊儀ヲ敢国ノ鎮相殿

六十一代醍醐天皇御宇ニ、信濃国望月ノ明府ノ諏訪源左衛門尉重頼、勇兵ニシテ朝廷ニ仕フ。息三人有リ。嫡男太郎ヲ後ニ望月信濃守重宗、次郎ヲ諏訪美濃守貞頼、三男三郎ヲ望月隠岐守兼家、各源姓ニシテ秀逸ノ名誉有リ。其遠祖ヲイエハ、大己貴第二建御名方命・諏訪明神の苗裔也。時ニ若狭高懸山ニ鬼輪王ト云フ外道有。彼ヲ追討ノ宣旨ヲ蒙、兄弟三士若狭ニ発向シ、兼家進テ鬼輪ヲ殺ス。舎兄等兼家ヲ妬ミ、龍穴ニ突落ス。兄両輩ガ高名ニ陳ジテ、是ヲ奏シ、帰リテ領地ヲ安堵ス。兼家ハ幽穴ニ墜テ、一旦絶息ストイエドモ蘇生シ、日ヲ追テ本所ニ帰ル。舎兄二人、世ノ人口ヲ恥テ忽然ト自亡スレバ、諸跡悉ク兼家ニ附属ス。承平二年相馬逆賊ノ節、朱雀院ノ勅命東関ニ下向シ、他ニ勝タル軍功有リ。江州半国ノ守護ト成テ甲賀郡ニ居住ス。依テ甲賀近江守ト称シ、追年、伊陽ノ国守トナリ、千歳佐那具ノ衢ニ館閣ヲ造リテ栖シ、近江ト伊賀トヲ跨テ大領ヲ務ケルトカヤ。

父を諏訪源左衛門尉源重頼、三人の息を嫡男・望月信濃守重宗、次郎・諏訪美濃守貞頼、三男・望月隠岐守兼家とする叙述は、これまであげた『甲賀由緒概史略』、望月保氏蔵「系図」、そして『竜法師古来記』と一致する。また二度にわたっての兼家の功名譚も、『甲賀由緒概史略』および望月保氏蔵「系図」にほぼ一致する。が、最後の兼家自らが甲賀近江守、伊陽国守となって、「近江ト伊賀ヲ跨テ大領ヲ務ケルトカヤ」の叙述は、『甲賀由緒概史略』を越え、『竜法師由来記』に準ずる。伊賀の側の主張を添えていると言える。

## 敢国社の「諏訪のゆるし」

この『伊水温故』の敢国社相殿に甲賀三郎兼家を祀る叙述に対し、藤堂元甫著の『一宮敢国津社記』（宝暦六年）においては、本社東の瑞籬内の六所権現の一社は、「故郡司甲賀三郎兼家」を祭ると叙している。しかも同じく藤堂元甫著の『敢国拾遺』（宝暦十三年）には、次のような叙述が見える。

今殿内本社の御神体の外に、御鏡一面神体筥《はこ》に納む。いかなる御神体といふ事、社家に伝説なし。土俗の伝来に本社は諏訪とともに三座なりと云なれは、恐らく是兼家のうつしいはへる諏訪の御神体なるへし。昔は御膳に鹿を体薦せし事を云伝へ、且今宍を食ふものは百日神拝をはゝかる。故に此社人に諏訪のゆるしをうくる事あり。（中略）しかのみならす、兼家の霊をいはふとて、ありし世に信する観音像を一体とせしなといふ、今六所権現ノ社中に十一面観音をおさめん、是なん其霊のしるしなるか。

これは、敢国社内における古俗にふれた記述である。本社の御神体の外に、もう一つのご神体があり、土俗によれば、敢国本社は諏訪とあわせて三座であると言うので、それはおそらく、兼家が移し祝える諏訪の御神体であろうという。しかもその祭の神膳（前）には、体薦の鹿を

敢国神社にある甲賀三郎を祀る祠
（「追跡・戦国甲賀忍者軍団」より）

供えたとある。これは、諏訪の狩祭、御射山の神事にしたがったものである。またその「諏訪のゆるし」とは、諏訪明神の「諏訪の文」による鹿食免のことで、当社の諏訪社（相殿）は、京洛のそれと同じく、かつては鹿を食う者には、これを与えていたという。しかして兼家の霊儀・神体を観音像とするのは、『一宮敢国津社記』にあげた六所権現の一のことではないかと叙する。

さて、右のように、伊賀一の宮・敢国社と甲賀三郎物語のかかわりの深さのみならず、諏訪信仰の伝承をうかがえば、当然、それは甲賀・望月氏の活躍の跡がしのばれるであろう。つまり甲賀・水口の大岡寺を拠点とした諏訪神人なる甲賀・望月氏の活動が、伊賀一の宮・敢国社の信仰圏に及んでいたことを推しせしめるのである。

# 第六章　甲賀武士・望月氏の誕生



## 甲賀武士二十一家

およそ応仁・文明の乱が終結し、ようやく戦場であった京都にも平和が訪れたが、文明十二年（一四八〇）に近江守護・六角高頼と室町幕府とに対立が生じ、いわゆる室町将軍による六角征伐がおこる。

長享元年（一四八七）、九代将軍足利義尚《よしひさ》は、六万の大軍を率いて、近江に出陣、栗東郡《りっとうぐん》鈎《まがり》荘に本営を築いた。一旦、高頼は甲賀の山中に逃げ込み、当地の地侍たちに助力を求めた。これを擁護した甲賀の地侍、いわゆる甲賀武士は、足利義尚の鈎の陣にたびたび夜襲をかけ、将軍の大軍を悩ませたという。

そのなかに望月出雲守を称する者がおり、不思議な術によってその名を残している。出雲守は、自由自在に霧をわかせて出没し、敵を眩惑したという。

このとき参じた地侍を後に甲賀五十三家と呼び、特に功績を立てた二十一人を甲賀二十一家

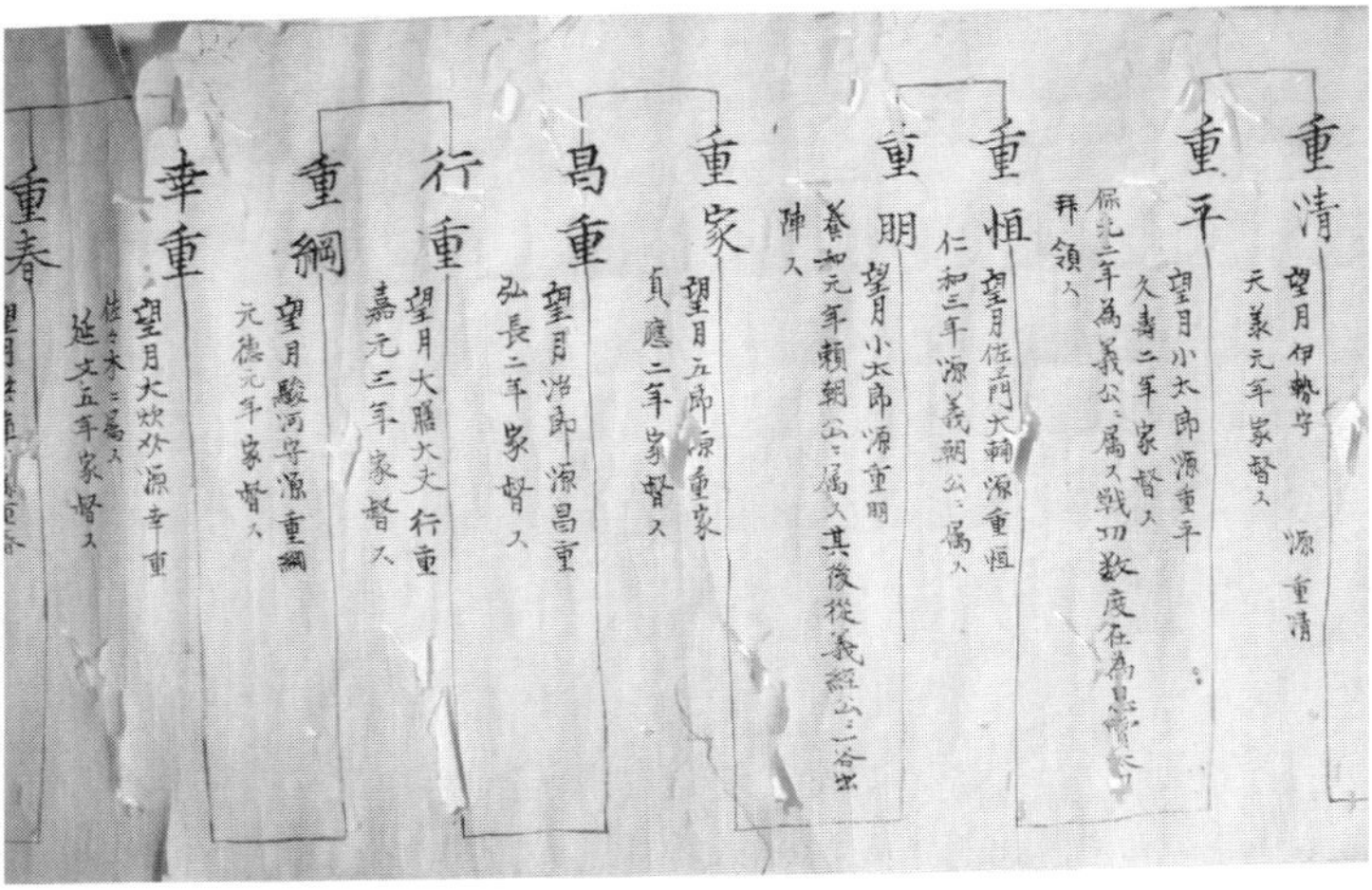

重清 望月伊勢守 源重清 天養元年家督ス

重平 望月小太郎源重平 久寿二年家督ス 保元二年為義公ニ属ス戦功数度 …… 拝領ス

重恒 望月佐衛門大輔源重恒 仁平三年源義朝公ニ属ス

重朋 望月小太郎源重朋 養和元年頼朝公ニ属ス其後従義経公ニ一谷出陣ス

重家 望月五郎源重家 貞應二年家督ス

昌重 望月治郎源昌重 弘長二年家督ス

行重 望月大膳大夫行重 嘉元三年家督ス

重綱 望月駿河守源重綱 元徳元年家督ス

幸重 望月大炊介源幸重 佐々木ニ属ス 延文五年家督ス

重春

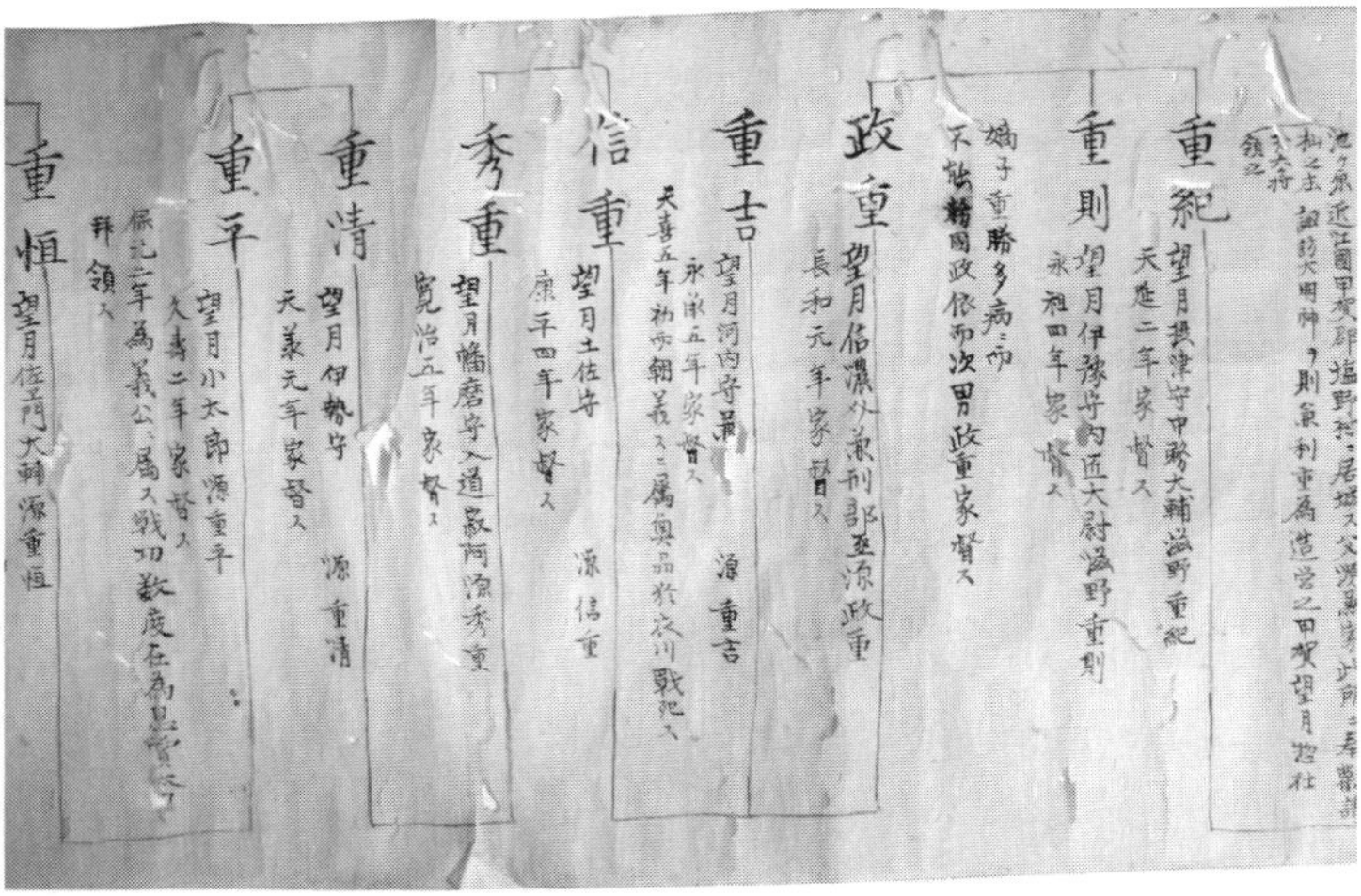

重紀 望月摂津守中務大輔滋野重紀 天延二年家督ス

重則 望月伊豫守内匠大尉滋野重則 永祚四年家督ス

政重 嫡子重勝多病ニ而不能嗣国政依而次男政重家督ス 望月信濃介兼刑部丞源政重 長和元年家督ス

重吉 望月河内守源重吉 永承五年家督ス 天喜五年於而朝義ニ属奥州於衣川戦死ス

信重 望月土佐守源信重 康平四年家督ス

秀重 望月播磨守入道家阿源秀重 寛治五年家督ス

重清 望月伊勢守 源重清 天養元年家督ス

重平 望月小太郎源重平 久寿二年家督ス 保元二年為義公ニ属ス戦功数度 …… 拝領ス

重恒 望月佐衛門大輔源重恒

望月惣左衛門家蔵の「望月正統系図」（その二）

と称し、あるいは甲賀〈しのび〉二十一家とも伝える。そのなかに、望月氏もあった。

元来、甲賀の地侍は、在地の農民で、小さな土豪となすべき人々であった。鎌倉時代の中期には、一般には「惣」という共同体組織が作られはじめるが、甲賀においては、それぞれの惣領家を中心に「同名中惣《どうみょうちゅうそう》」と呼ばれる同族集団を作っていた。これが甲賀武士の母体となっていたのである。

## 柑子・望月惣左衛門家蔵「望月正統系図」（その二）

ここで、先にあげた柑子・望月惣左衛門家蔵「望月氏系図」の続きを示す。一部、寺庄・望月清兵衛氏蔵「系図写し」をもって補う。ちなみにその「系図写し」は、望月惣左衛門家蔵本と全く一致する。

（前略）

幸重 ― 望月大炊介源幸重
佐々木ニ属ス。延文五年家督ス。

重春 ― 望月兵庫守源重春
佐々木ニ属ス。貞治六年家督ス。

重親　望月佐渡守源重親
佐々木ニ属ス。永徳二年家督ス。

重家　重親早世無男子、叔父重承之次男以重家為養子。
望月淡路守源重家　正徳二年家督ス。

重良　望月信濃守源重良
応永十一年家督ス。

良仙　望月信濃大夫重運入道良仙
応永三拾年癸申父信濃守重良之亡霊神ト仰奉ル。即チ塩野村平尾ニ鎮座諏訪大明神ノ左社ニ祭ル。
重良ノ苗裔八城ニ分地ス。
則写、富舛、福屋、吉棟、村嶋、新、福原、吉原。

重勝　信濃十郎重勝

忠重　信濃三郎忠重

重元　望月村嶋守源重元　文明十二庚子年、同郡柑子村嶋城ニ住居ス。
後　乾ノ方ニ一城ヲ築リ、龍王山青木城ト云、次男以重武城主トス。長享元年九月七日、近江国主佐々木六角政頼高頼父子上洛事ナシ。公方義尚怒テ、諸大名ヲ引卒シ、江州江下向在。同八月九日合戦、同十一月朔日夜、六角高頼甲賀城主等ヲ以先手トシテ夜打之。江州之勢一万六千七百騎也。合戦五拾三士ノ内、廿一人軍功在。依之俗ニ是ヲ廿一家ト云。

譜代　磯原左近太夫
　　　松本六之丞
　　　小川弥左衛門
　　　橋本刑部

重房　望月信濃介源重房　村嶋ニ居城ス。
明応三子十月廿七日卒ス。法名林光院殿号ス。
文明十一年五月ヨリ為祈念、桜大明神建立。明応二癸亥年建立成就成ル。同年楽音寺再建也。父重元青木城不吉ナリトテ、次男重武橋本刑部小川弥左衛門ヲ相添、青木城ヲ与フ。重元ハ磯原左近太夫松本六之丞ヲ引卒、新宮上野ニ帰城ス。
長享元年十月廿日、又鈎御陣夜打也。古《ママ》廿一人有功。此時公方手ヲ負タマイ、廿六歳ニテ御他界。

重武　望月為八郎重武
（以下破損、望月清兵衛家所蔵系図写しで補う）
長享元年正月元日小森ト姓ヲ改ム。其兄重房ト命中先アケ争ニテ不和也。中小森ト改出仕籠青木。明応元年八月、将軍義材公江州ニ進発ス。三井寺御陣。比時六角高頼甲賀ニ引籠。甲賀伊賀陣合戦数度ナリ。

兼重　小田信長公上洛ニ依テ、兼重始テ信長公ニ属ス。其後羽柴秀

吉公ニ属ス。慶長六年植杉氏送意有之、関東御陣ノ刻、山岡道阿弥相願於伏見御城、御目見御盃拝領。今度汝等者甲賀出罷者旨被仰候。然ル処、石田氏依叛逆聞、雖無御籠尽務内一同相戦。同年子八月朔日、一同百余人残少ニ討死ス。

重行　水口城長束大蔵大輔ヲ取巻破レニ相成リ、其後大蔵大輔城ヲ明渡シ、日野佐久良ト申所ニテ自害ス。鵜殿御退治刻不若御供。其刻ヨリ流浪。其後関ケ原御陣上方筋之御陣仰出御供。
是迄柑子村ヲ領ス。

## 柑子・望月氏の戦国時代

右は柑子・望月氏の南北朝時代から戦国時代末期、慶長年間の滅亡に至る経緯を叙している。長享元年、鈎の陣に参じたのは、良仙の息男、村嶋守源重元である。すなわちその事跡は、まず文明十二年（一四八〇）の村嶋城住居に始まる。次いで鈎の陣の合戦に及ぶ。

長享元年九月七日、近江国主佐々木六角政頼・高頼父子上洛事ナシ。公方義尚怒テ、諸大名ヲ引率シ、江州《江》下向。同八月九日合戦。同十一月朔日夜、六角高頼、甲賀城主等ヲ以（テ）先手トシテ、夜打之。江州之勢一万六千七百騎也。合戦五拾三士ノ内、廿一人軍功在。依之俗ニ是ヲ廿一家ト云。

望月青木城跡

望月村嶋城跡

いわゆる「甲賀五十三家」「甲賀二十一家」の由来を説く。ちなみに『甲賀古士之事』などに見える「五十三家」「二十一家」のなかには、「望月出雲守」の名が見出される。

次いでその嫡男、望月信濃介源重房の事跡をあげる。文明十一年（一四七九）の桜大明神社社建立と記す。没年は明応三年（一四九四年）とある。しかして鈎の陣への参戦は、

長享元年十月廿日、又鈎御陣夜打也。古廿一人有功。此時公方手ヲ負タマイ、廿六歳ニテ御他界。

と記している。また次男の望月為八郎重武については、

長享元年正月元日小森ト姓ヲ改ム。（中略）明応元年八月、将軍義材公江州ニ進発ス。三井寺御陣。此時、六角高頼甲賀ニ引籠。甲賀伊賀陣合戦数度ナリ。

とある。六角政頼・高頼父子を擁して戦った時代が、柑子・望月氏の甲賀武士としての面目躍如たる活躍のときであり、それは望月氏を含む甲賀武士全般に及ぶものとすべきである。当然、そこには〈しのび〉としての活躍も含まれていたと言える。

## 入道良仙の諏訪社勧請

右の望月惣左衛門家蔵「望月氏系図」（その二）によると、延文五年（一三六〇）家督を継いだ望月大炊介源幸重は佐々木に属していたとする。そしてそれは貞治六年（一三六七）家督を継いだ望月兵庫守源重春、永徳二年（一三八二）の望月佐渡守源重親に及んだとする。おそらくこの時代、柑子・望月氏が、ようやく「同名中惣《どうみょうちゅうそう》」に属し、武士としての活躍に動き始めた時期を示すものと推される。かくして望月淡路守源重家を経て、望月信濃守源重良の登場となる。応永十一年（一四〇四）家督を継ぐとする。この重良こそ甲賀武士・柑子望月氏の実質的始祖に当たる人物であろう。ちなみに、室町幕府の「御前落居記録」の永享三年（一四三一）十一月廿七日の条に、この重良が池原杣庄内杉谷村の地頭職について、幕府に訴え出た由が記されている。その嫡男・望月信濃守重運は、応永三十年（一四二三）、この重良の亡霊神を塩野村平尾に鎮座する諏訪大明神の左社に祀ったとする。しかもその重良の苗裔は、八城に分地したという。

ところで、その嫡男・望月大夫重運とはいかなる人物か。入道して「良仙」と称したというこの人物は、『甲賀由緒概史略』においては、兼家の次男・備前守重元に次いで「望月信濃守

重則・後沙弥良仙」として登場し、

応永三十一年甲辰十一月二日、同郡小杣路村ノ内、平尾ノ地ニ、諏訪大明ヲ建立シ、禁中御番、相勤ム。

と記されている。また竜法師・望月保家蔵「系図」には、甲賀三郎兼家そのものとし、

兼家後ニ入道、而与阿弥ト改ム。本国ノ氏神、諏訪大明神ヲ信仰シ、応永弐拾五年、塩野江勧請シ奉ル。御祭礼ハ毎年七月廿七日。

と記されている。したがってそれは、先にあげた柑子・望月惣左衛門家蔵「望月氏系図」（その一）に、目宮の三男・望月三郎重俊（信濃佐久郡望月郷城主）と同人物としてあげられた甲賀三郎源兼家の次男・兼重について、「望月治郎・近江国甲賀郡塩野村ニ居城ス」と記し、

父兼家、此処ニ奉勧請諏訪大明神池ケ原杣ヲ、則兼利（望月太郎）重為造営之。甲賀望月惣社。杣之庄拾六ケ村領之。

とする叙述と重なる人物に違いない。すなわちこの人物は、入道して良仙と号し、沙弥良仙とも与阿弥とも称したという。しかも、はじめて塩野村に本国の諏訪大明神を勧請した者として、諏訪明神と示現した甲賀三郎兼家その者とも擬された人物であった。

### 諏訪神人の棟梁・入道良仙

それならば、この入道「良仙」の姿こそ、元来の諏訪神人なる甲賀・望月氏の素姓を端的に示したものではないか。それは諏訪神・甲賀三郎を奉ずる半俗半僧のヒジリとも称される者である。「入道」「沙弥」、そして「与阿弥」と称する遊行の聖である。しかも「良仙」の称には、山岳修行者（山伏）の姿が髣髴される。その諏訪神人の統領的存在であった人物が、改めて塩野に諏訪大明神を勧請したというのである。

ちなみに木村政延家史料の応永三十一年（一四二四）の奥付をもつ「寄進状案」をあげる。これは正徳六年（一七一六）に成ったもので、延享四年（一七四七）に、改めて望月兵馬兼知なる者が書写したものである。

望月良仙寄進状案

勧請し奉る諏訪大明神御社の敷地ならびに御神田の事

右、御在所は、小杣路村の内の平尾なり。野上より東は、諏訪大明神御敷地の山たるべきなり。野神より前の大道南ノ打ち開きは、諏訪の御神田として、応永弐拾五戊戌年より

塩野より飯道山を望む。左手前が諏訪の森

甲南町塩野諏訪社

打ち開きの者なり。神田の四至、東は限る野、南は限る岸、西は限る山の神鳴滝、北は限る大道。この御神田所当壱石五斗を以って、毎年、七月廿五日に小杣治山上両村の氏人名主百姓等社参仕り、懈怠なく御祭礼を成し奉るべきものなり。後々末代の為に依り、勧請し奉る所、件の如し。

応永三拾壱年十一月二日

望月信濃入道沙弥

良仙　判

その文書の真偽のほどは今は置く。諏訪の御神田開発を応永弐拾五年とする記述は、望月保家蔵「系図」の「本国之氏神諏訪大明神信仰、応永弐拾五年、塩野村江勧請奉ル」に通じる。また奥附の応永三拾壱年十一月とする記述は、『甲賀由緒概史略』の「応永三十一年甲辰十一月二日、同郡小杣路村ノ内、平尾ニ、諏訪大明神ヲ建立シ」に通じており、右の文書は、それなりに理解ができる。

それならば、良仙入道の塩野村への諏訪大明神勧請の史実をいかに解釈すべきであろうか。

わたくしは、これを契機に甲賀・望月氏一統は、長年の諏訪神人の職を辞し、「しのび」を中心とした甲賀武士へ転身した事実を語るものとみる。

第七章　信州・滋野三家の出自

### 柑子・望月康家蔵「望月滋野景図」

甲賀・望月氏の一統、柑子・望月氏は、戦国時代には、甲賀武士・望月氏の中心的存在として活躍していたと推される。その柑子・望月氏の末裔に望月康家がある。江戸時代には漢方医の職にあった家筋である。この望月家には、信州・望月氏に属した村田七兵衛滋野員信・望月新兵衛安勝の著した「望月ノ発端」「望月滋野景図」「望月旧跡記」の三巻（巻物）が蔵されている。今はその「望月滋野景図」をあげる。

望月滋野景図

清和天皇　御諱惟人親王。文徳天皇第四ノ皇子ナリ。御母染殿后。
├貞平親王
└貞純親王　貞観十八年十月十八日賜源姓ヲ。

貞辰親王

貞元親王
刑部卿

貞保親王
貞観十四年八月十五日賜滋野姓也。

貞固親王

貞門親王
御即位陽成院

基淵王
目宮ト称。
御母嵯峨天皇第四ノ御子惟康親王ノ御女。
御眼病ニ依テ信濃鹿沢ノ湯ニ入輿成給フ。

善渕王
菊宮号。
正二位大納言。貞観十四年八月十五日賜滋野ヲ。
信濃守司延長五年宛望月。

兼忠
貞元卿

重氏
院判官大輔滋氏望月御牧ノ原牧官也。

重元
三寅大夫望月権之大夫

為広
寛治七年望月望ノ日□毛駒ヲ汰テ上洛。

為清

為道
望月左衛門督
長治二乙酉年、望月農民田畑幷升役。御嶽大権現建立。

則広
望月武蔵守任ス。
御牧駒□ノ親也。

重道
望月権将大輔七曜ノ幕ヲ賜。
禁裏守ノ随一信濃国司トシテ。

広道
海野刑部大輔

女子
王賀四郎義信ノ室

広重
望月三郎重俊

道直　祢津庄迫大輔　世ニ言祢津真平依田豊平カ鷹所ヲ秘ス。依田豊平カ系図ハ、出羽ノ国司斎藤金吾忠隆ノ男也。（以下略）

国重　望月三郎蔵人頭

国親　左衛門督（以下・重忠・重義・重隆・盛重・宗重・重惟・重信・充経・盛世・光重・光盛・昌純・盛昌・盛時・信雅を略す。）

昌、頼、　相模守望月落城ノ時、上田ノ東ニテ、神川岸黒坪邑ニテ卒去。天正十壬年十一月廿一日ノ夜ニ入テナリ。

定、朝、　三郎後ニ遠江守ニ改。落城ノ時ハ山浦之館ニ□水世静浪流。

安、光、　多長千代後ニ三清入道上州沼田ニ執居シ給フ。

安勝　三郎　改田辺帯刀号也。後ニ望月新兵衛ニ改、松平肥後守殿ニ□。

寛永ニ□□保科肥後守正之公江有時
則一族御請書上罷望月五拾余族連判
之書也。

時に別れの一首
あわれなる盲を思ふ落人に
泪の副て山郭公哉

安　勝（花押）

すなわちこれは、前半、先にあげた「信州滋野三家系図」に準じるものであるが、後半、望月落城後、昌頼より安勝に至る系譜を示すものである。奥には寛永年間、会津の保科正之公に仕えていた筆者の望月新兵衛安勝が「望月五余族連判之書」であることを証し、落人の哀れを歌った和歌を添えている。

## 望月新兵衛安勝の出自

天文十一年（一五四二）九月二十日、武田信玄は北佐久の望月氏を殲滅する。これで望月氏の嫡流は、一旦、絶えたことになる。しかし信玄は、望月氏の名跡を弟の信繁の子に継がせている。それを説明するのに、大草家所蔵の「望月系図」を引く。

（前略）

光盛　従五位遠江守　芳名蓮華院浄輝大居士

光重　右近大輔　芳名観心院　圭山慧光大居士

盛昌　正五位大和守　法名峯光院一貫心源大居士

盛時　従五位下童名駒若丸入道して印月斉と号す　室は相木政信女、年五十八歳相模守　法名鑑光院心安宗伝大禅定門

信雅　幼名六郎三郎のち右近大輔義勝改、室は盛時女　実は武田信玄弟典厩信繁次男

法名、雄光院義山文勝大居士

信元　左近介
　　　望月太郎
　└信常　常州水戸武田万千代丸信吉
　　　　　奉仕三百石賜る

信友　要人

昌頼　幼名駒若丸受領相模守室北条氏堯女
　　　法名台応院清光良忠大居士

直義　宮内左衛門
　　　於甲州出生
　└直次　望月忠左衛門
　　　　　甲州に住す

政直　望月半左衛門
　　　甲州住
　└為直　忠左衛門江戸御本丸
　　　　　被召出大坂御蔵奉行

（後略）

これによると「盛時」の子とある「信雅」は、信玄の弟・信繁の次男で、前城主・盛時の娘と夫婦となっている。「昌頼」はその子である。しかし、昌頼は、天正十年（一五八二）十月、徳川家康の軍勢によって望月城を追われ、右の望月康家蔵「望月滋野景図」によると、「上田の東」「神奈川県岸黒坪邑」において卒去したのである。

さらに定朝から安勝へ至る系譜を「分家布引城主系図」(大草家所蔵)でみる。

盛時 ― 定朝(望月遠江守) ― 朝光(幼名竹千代 望月斉) ― 安光(望月太郎上州沼田浪士 三清入道) ― 安勝(田辺帯刀改寛永始会津出 加藤嘉明ニ助勤し同廿年 保科正之入部により永代三百石賜る) ― 定勝(望月新兵衛 保科氏物頭) ― 定安(新兵衛 物頭役) ― 定香(新兵衛 物頭役) ― 安信(望月藤五郎)

つまり定朝は、実は「昌頼」の子ではなく、大草家所蔵「望月氏系図」にあげられる盛時(印月斉)の子の一人で、布引城主であった。永禄七年(一五六四)に、信玄の嫡男・義信の父に対するクーデターが発覚する。義信の妻は今川義元の娘で、信玄の政策には相入れないところがあった。布引城主の定朝の妻は、飯富《おぶ》兵部少輔虎昌の娘で、その義信の傅育の役にあった。信玄は義信の相談役であった虎昌はじめ、その重臣たちを成敗した。定朝は信玄の追手から逃れたが、長子・定政は自害、二男・竹千代（後の朝光、望月斉と称す）は死地を脱し、やがて会津の保科公に仕えて、三百石を給せられている。その「朝光」の嫡男が、望月太郎「安光」であり、「上州沼田浪士」で、三清入道と号したという。その安光の嫡男が「安勝」であった。

## 望月氏の兵法伝授

右の「定朝」「安光」「安勝」は、兵法史のなかで、名を留める兵法者であった。ちなみに石岡久夫氏の「日本兵法史」（上）によると、その兵法のわざは、聖徳太子に淵源をもつ「太子流神軍伝」に属するという。たとえばその「太子流神軍深秘巻」などの奥書には、次のような記述が見えるという。

此一巻者者聖徳太子之神秘之妙典也。中昔明貫伝㆓鬼一㆒、鬼一伝㆓源義経㆒、近代甲斐源氏下山田入道伝二楠多門兵衛正成一云々。軍要之大極意也。猥不レ可レ伝。可レ秘々々。

望月相模守　定朝
優婆塞　三清入道
望月新兵衛　安勝

右の書を引用された石岡久夫氏は、この三人の兵法伝授の系譜については、次のように紹介されている。

優婆塞《うばそく》三清入道は、定朝の二男朝光の子で安光といい、太子流の兵法に達したといはれ、「刀理巻・五略巻・三巻法」を著す。（中略）安光の父朝光は、布引城落城の際、家臣観音寺春慶等に助けられて死地を脱したといわれるから、承応三年（一六五四）に会津に没した安光は、その頃は幼年もしくは未出生であったと思われる。安光はのちに長ずるに及んで、諸国を遊歴し、暫く摂州相模寺に止まって、剣術などを教え、その後加藤時代（寛永四年～同二〇年）に会津に来住し、（中略）保科時代（正保元年〈一六四四〉以後）を迎える。安勝は安光の子で、父に太子流の軍法剣術を学び、安光流と称して会津藩の軍家となり、寛永十一年（一六七一）には三百石を下賜され、太子流兵法家として名をなし、貞享三年（一六八六）、七十六歳をもって会津に没した。

その望月家伝の兵書は、相当に多く、その軍書四十九巻などは山崎闇斎に伝授されているが、それは望月家伝書として安勝の伝承するものであったという。

右のように信州・望月氏のなかから、兵法者が輩出する要因は、その出自の滋野三家の職能に通じるものである。しかしてそれは、その滋野三家につながる真田氏にも継承されていったことが推されよう。

## 信州・滋野の原風景

およそその滋野の「シゲノ」は、山野における「草木の茂った野」に対する称で、普通名詞に近い地名である。たとえば「万葉集」第六の「山部宿祢赤人の作る歌」の一首に、

やすみしし　わが大君は　み吉野の　蜻蛉《あきつ》の小野の　野の上には　跡見《とみ》すゑ置きて　み
山には　射目《いめ》立て渡し　朝狩に　鹿猪《しし》履《ふ》み起こし　夕狩に　鳥踏《ふ》み立て　馬並《な》めて　御狩そ立
たす　春の茂野に

などとある。吉野の御狩する「茂野」がそれである。このシゲノを出自とする氏族が、茂野氏・繁野氏・重野氏・滋野氏である。東信の「滋野氏」もこれに準ずるもので、その「滋野」は、当然、海野・祢津・望月の中心、あるいはその周縁に求められるであろう。しかし、東信における「滋野」の地名は古い文献には見出せず、近世古地図の小字名にそれが見えるに留まっている。そこで、河内の「交野」、摂津の「猪名野」を参考として、その鷹場としての「滋野」の風景を当地方の霊峰・烏帽子岳（二〇六六メートル）南麓に訪ねてみることとする。

およそ海野・祢津・望月の滋野三家の領する地域は、千曲川を挟んで、烏帽子岳の南麓に広がる丘陵地帯と言えよう。すなわちその千曲川へは、烏帽子岳連峯から深沢川・大石沢川・桜沢川・所沢川・求女沢川・三分川・西川・成沢川などが流れ込む。また南からは遥か蓼科山麓から鹿曲川、また塩川・美ケ原から依田川が注ぎ込む。つまりこの千曲川は、先にあげた交野の淀川、猪名野の猪名川に準ずる意義を有していたのである。

そしてこれに流れ込む沢川地帯こそ放鷹の恰好の地で、滋野と称された鷹野であったと推される。ちなみに烏帽子岳の中腹は、猪・鹿の活動する狩猟地帯であった。そしてその西南麓には延喜式にも記された「新治牧」、また千曲川を挟んで同じく延喜式に載る著名な「望月牧」

海野・白鳥河原から烏帽子岳を望む

があり、その東南麓の田沢・東上田などにも牧の跡がうかがえ、千曲川対岸の塩川にもそれが見える。そしてその牧のある丘陵には鷹を飼育する「とや原」が見出せる。さらにその滋野の中心と推される千曲川流域には、古くより鷹の追い求める白鳥の群が飛来しており、かつて当地が放鷹の聖地であったことをしのばせている。

さてこの滋野を拠点としたと推される海野・祢津・望月の三家は、それぞれに当地における古代の牧の経営にかかわって誕生した氏族である

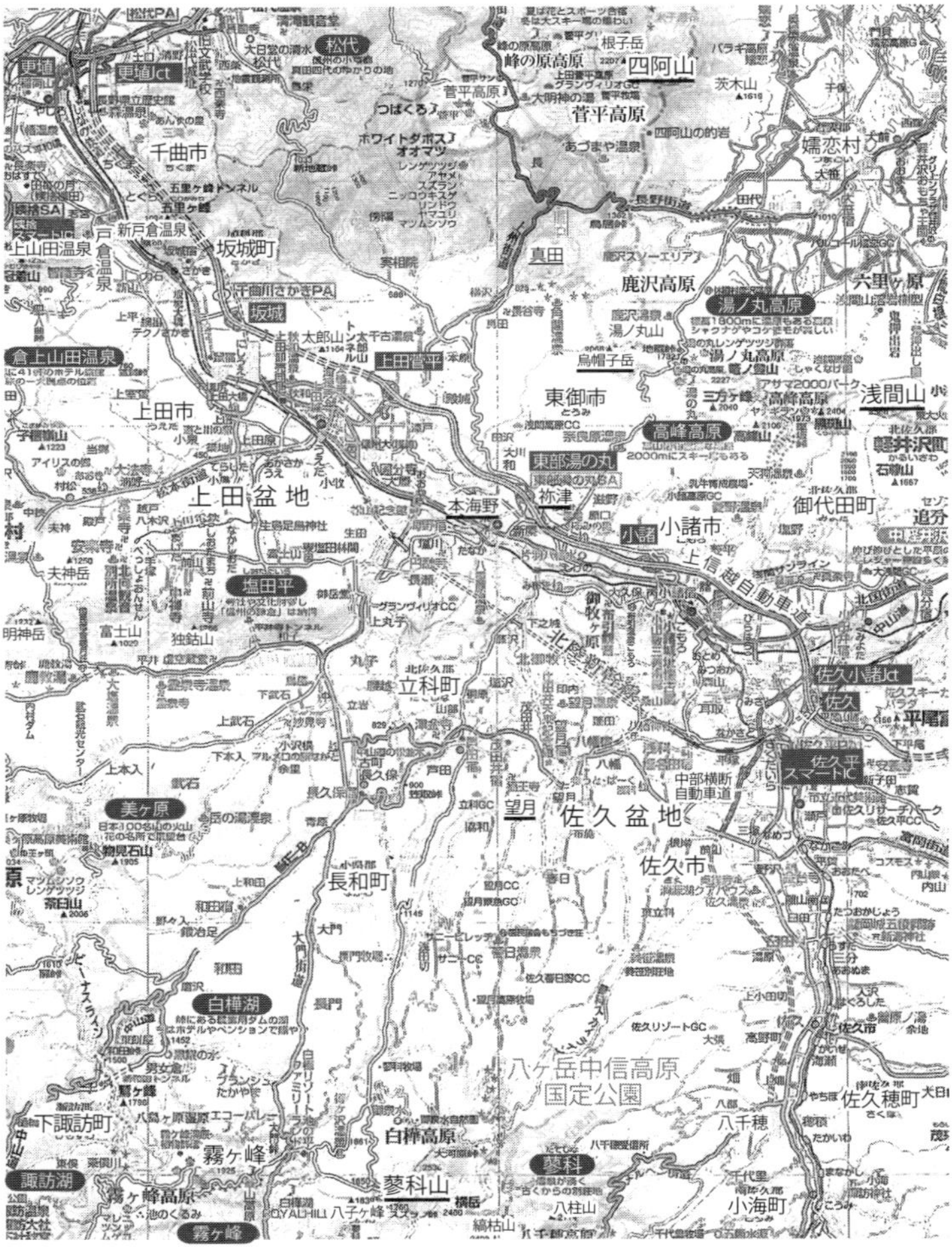
松代
更埴
更埴JCT
四阿山
峰の原高原
菅平高原
根子岳
つばくろ
千曲市
五里ヶ峰トンネル
坂城町
新戸倉温泉
上山田温泉
戸倉温泉
千曲川さかきPA
坂城
嬬恋村
長野街道
真田
鹿沢高原
湯ノ丸高原
六里ヶ原
太郎山
上田菅平
烏帽子岳
湯ノ丸山
東御市
浅間山
上田市
高峰高原
東部湯の丸
上田盆地
祢津
本海野
御代田町
小諸
小諸市
上信越自動車道
塩田平
夫神岳
富士山
独鈷山
明神岳
北陸新幹線
立科町
佐久小諸JCT
佐久
佐久平スマートIC
美ヶ原
物見石山
望月
佐久盆地
中部横断自動車道
佐久市
長和町
白樺湖
八ヶ岳中信高原
国定公園
下諏訪町
霧ヶ峰
白樺高原
蓼科
八千穂
佐久穂町
諏訪湖
霧ヶ峰高原
蓼科山
八子ヶ峰
八柱山
小海町

と説かれてきた。それならば、その馬飼のわざから弓馬をよくする氏族の成長したことは理解されるであろう。しかしあえて言えば、当地の山野は狩猟をよくする恰好の地であった。つまりその弓馬のわざは、馬飼とともに、狩猟のそれによって養われたというべきものである。

平安末期には、時代は大きな変貌の時を迎える。東国の氏族は、盛んに山野を切り開き、耕地を拡大して、次第にそれぞれに土豪として成長する。この滋野三家も同じく、土豪として力を蓄え、保元の乱、平治の乱、そして寿永の争乱には、源氏の御曹子の麾下に従って、戦場に参加するほどになったのである。

## 滋野氏の「七九曜之紋」

およそこれまであげた「滋野氏系図」やそれに準ずる「望月氏系図」は、その滋野氏の直接の祖として「善渕王」をあげる。先にあげた『続群書類従』の「信州滋野氏三家系図」によって、その事蹟の記事をとりあげてみる。それは、滋野氏の素姓および職能を考えるのに、恰好の伝承資料と言える。三ヶ条に分けてあげる。

(1) 滋野氏ノ幡ハ、月輪七九曜ノ紋ナリ。此ノ幡ハ、善渕王ガ醍醐天皇ノ御時、コレヲ賜ハル。此ノ幡ノ濫觴ハ、昔、垂仁天王ノ御宇《じょう》、大鹿島ノ尊、日本姫ノ皇女、天照大神ノ神勅ヲ蒙リ、伊勢国五十鈴川上ニ御鎮座ヲ定メ、天下ニコレヲ告グ。其ノ時ノ御幡ガ二流レ、天ヨリ降ル。一流レハ日天図形ナリ。一流レハ月天ニ七九曜ナリ。内宮外宮ノ御尊形ナリ。厥《コレ》ニ依テ御詫宣アリ。此ノ二ツノ幡ハ、内裏ニ遷シ奉ル。三種ノ神器ト同ジ神殿ニ、コレヲ奉納ストカヤ。

(2) 而シテ善渕王ガ、此ノ御幡ヲ賜リシハ、平真王将門ガ洛中ヲ退キ、宇治ニ楯籠ル時、善渕王大将タリ。御幡ヲ賜ハリテ馳セ向カヒ、合戦ヲ遂ゲテ勝利ヲ得タリ。但シ将門ヲ関東ニ下タス。其ノ時初メテ、滋野姓ヲ賜ハリ、従三位ニ任ゼラル。

(3) 其ノ子孫ハ、海野、望月、祢津、是レ滋野三家ト号ス。望月ノ紋ハ、月輪七九曜、海野ハ六連銭ニ洲浜ナリ。

ちなみに、同じく『続群書類従』の「滋野氏系図」の叙述もこれに準ずるが、(1)の冒頭に「滋野正幡者望月伝之」を含み、(3)に「出陣之次第。海野自戦時者、海野幡中、左望月、右祢津。望月自戦時者、望月幡中、左海野、右祢津。祢津自戦時者、祢津幡中、左海野、右望月」を加える。三氏が連合して戦うときには、かならずこの「月輪七九曜」の正幡を中央に掲げたという。

この叙述でまず注目されるのは、(1)において滋野氏の正幡は、月輪七九曜であって、天照大神が伊勢にご鎮座の折に天下った二流れの一つで、醍醐天皇が悪賊退治のため、善渕王に賜わったものとすることである。さらに(3)においては、その月輪七九曜の正幡を賜わった善渕王より起こった滋野三家は、それぞれに紋所は違えても、望月が伝えるものを正幡とすべきことを主張することである。そしてその意義は、滋野氏三家があくまでも星の神を奉ずる氏族であるとすることである。しかもその星の神は、馬飼・鷹飼の信仰するものであり、放鷹の狩場には、かならずそれが祭祀されていた。星の神（陰陽の神）を奉じて、「馬飼」（相馬）「鷹飼」（調鷹）をよくするものであると同時に、陰陽のわざによって悪賊を追罰する武力（尚武）を保持していたということである。ちなみにその職能は、蝦夷の征討に功績のあった桓武天皇の重臣・田村麻呂、およびそれの率いる坂上氏一族に通じる。およそ百済氏を出自とする坂上氏は、星の神を奉じて「武勇」の誉れ高く、その家節は、「調鷹」「相馬」のわざをよくするものであった。しかしてその滋野氏の武力は、望月流の兵法、そして真田流のそれにつながるものと言える。

次に注目するのは、(2)において善渕王が「月輪七九曜」の正幡を賜わって、悪賊・将門を鎮圧した地を「宇治」とすることである。その宇治は京への入口で、南の大和からの木幡峠、東の山科からの宿河原《シク》（四宮河原）がこれに当たる。大きな境の地であれば、中世には地蔵菩薩が祀られている。が、早くは星の神を祀られることが要請されていた。陰陽の神によって、境に押し寄せる悪霊の鎮圧を期したのである。したがって当地には盲僧（座頭）を含んで、卜占・祈祷をよくする陰陽師系の人々の盛んな活動がみられたのである。それならば、境の地たる宇治において、月輪七九曜の正幡のもと、悪賊の将門を鎮圧したとする善渕王の英雄譚は、その子孫が、これら境の地を中心に活動する陰陽師系の民間宗教者と深いかかわりのあったことを示す叙述ということになろう。

## 星の神を祀る信仰集団

中世、星の神を祀る人々、つまり陰陽師系の宗教者としては、陰陽師（医師）、修験（山伏）、兵法者（しのび）、法者（神楽大夫・舞太夫）、唱門師（舞々）、ヒジリ（聖）、巫女（ののいち・歩き巫女）、盲僧（座頭）などがあげられる。滋野三家の海野・祢津・望月の各氏族には、

諏訪　上社・御射山祭（狩祭）の祭場

上に同じ

これらの人々が、それぞれに従っている。それは、詳しくは、別稿「信州滋野氏と巫祝唱導」(「日本民俗学会報」30号・31号)に述べているので、今は繰り返さない。あえて言えば、滋野三家は、修験(山伏)ときわめて近く、それをかかえて戦っている。またこれときわめて近い民間巫女(ののいち)を抱えこんでいる。後にはこの女性たちは、夫の神事舞太夫とともども、全国各地を巡り歩いていた。また陰陽師・修験とも近い盲僧集団が、滋野三家にはしたがっている。特に海野氏において、その関係が続いていた。

この滋野三家に従う宗教者は、はやく東信の信仰の中心たる諏訪社にも属していた。古来、諏訪信仰は狩猟を旨とするもので、滋野三家とのつながりは深く、諏訪の祝家《ほおりけ》は、祢津氏を介在として、同族的関係を保持している。その諏訪社には、右にあげた滋野三家にしたがう宗教者たちが、その神人として、諏訪の信仰拡大に加わっていた。平安末期に至ってこの諏訪は大きく修験の影響を享けるのであるが、その神人たちのなかに、望月氏にしたがうグループがあった。その修験系の諏訪神人が近江に及んで、甲賀三郎を始祖と仰ぐ甲賀・望月氏と化したのである。

第八章 信州・真田氏の素姓



## 「信州滋野氏三家系図」の真田氏

右の信州・滋野三家に属する海野氏の後を継いで、世に登場したのが、真田氏であった。したがってそれは、陰陽のわざをよくし、兵法に通じ、修験を擁する武力集団であったと推される。

そこで、その出自・系譜を「信州滋野三家系図」によってみる。

（前略）

広道 海野小太郎

幸親 小太郎
保元乱左馬頭義朝為味方。

幸広 海野弥平四郎
属木曽義仲。備中国水島合戦為大将討死。

幸氏 海野小太郎
左衛門尉志水冠者義高ノ伴シテ。鎌倉へ下向。義高没落時。忠勤被召捕。頼朝却而感之。賜海野本領。任兵衛尉。日本無双弓名人八人ノ中也。故実堪能被知人。

長氏 海野右衛門尉

（中略）

女子 小笠原妻

憲広 海野太郎
於鎌倉元服。上杉憲基為烏帽子々。

持幸 従五位下信濃守
於鎌倉元服。賜持氏公一字。

氏幸 小太郎

幸棟 信濃守

棟、綱、 海野小太郎信濃守

幸、義、 海野小太郎左京大夫
於信州。村上義清合戰討死。

幸隆 海野小太郎聟成相續。法名一徳斎。
信州真田居住。属武田晴信來甲州。

信綱 源左衛門
天正三年三河國於長條合戦討死。

昌幸 喜兵衛尉安房守

信幸 伊豆守

- 信昌 隠岐守
- 幸政 長兵衛
  - 〔左京〕
  - 〔市衛門〕
- 某 内蔵
  - 某 喜兵衛
  - 某 辰之助
  - 女子

右によると、海野信濃守棟綱が武田に追われ、その嫡男・海野左京大夫幸義が村上に討たれるに及んで、海野氏は滅亡する。しかしその幸義の聟となって、その後を継ぐのが、真田弾正幸隆であるとする。その嫡男信綱は武田に従って長篠合戦において討死し、その弟の昌幸が安房守としてその後を襲う。その嫡男が伊豆守信幸であるが、これには弟の信繁（幸村）の名はない。

## 「滋野姓海野氏略系」の真田氏

そこで瀬下敬忠の『千曲之真砂』（宝暦三年〈一七五三〉）が引用する「滋野姓海野氏略系」をあげてみよう。

○滋野姓海野氏略系

家紋、洲浜、六連銭、唐雁

自二先祖一至二海野弥平四郎幸田広之時一、用二洲浜一也。幸広戦死之後、改二六連銭一、真田安房守昌幸、初為二武藤氏嗣子一之時用二唐雁一、蓋是レ武藤氏家紋也。昌幸之後不二用一之、至二伊豆守幸道一又用之。云々

（前略）

氏幸 ―― 幸棟

棟綱、
自幸重十六代、世々
号小太郎、任信濃守、

幸義、
海野左京大夫、実棟綱舎弟、
幼名小太郎、(海野二郎信親)

●幸隆
真田弾正、幼名小太郎、住小縣郡真田郷、始称真田、
後剃髪号一徳斎、武略達人、

信綱
源太左衛門、幼名幸利、於三州
長条戦死、或書作尾張守忠幸非也、

昌輝
兵部允、初名信輝、又信武、与兄信
綱一所戦死、或書作兵部大輔幸運非也、

●昌幸
少名源五郎、武藤喜兵衛、後号一翁、真田安房守、
両兄討死之後、依勝頼之命、復本氏継家督、武勇絶倫、

信尹
掠原市右衛門、後号隠岐守、号無斎、
一本作幸孝、及昌尹、

幸政　真田長兵衛、

幸信　真田左兵衛、有故領地減少及廃衰、

信幸　少名源三郎、従五位下《イ二上》伊豆守、後昇進従四位下侍従、初名信之、剃髪号一當斎、

幸村　左衛門佐、後改信繁、或書作幸重信氏等、於大坂討死、私曰、洛四妙心寺塔頭、養徳院有塔、俗名真田左衛門佐信仍、慶元録作信賀、智勇兼備名士也、

信隆　真田大介、於大坂城中自殺、又作信昌、編年集成幸昌、慶元録信平。

信吉　河内守、従五位下、賜上州沼田城邑三万石、寛永十一年六月二十八日卒、天桂院殿月岫浄珊大居士、

信利　伊賀守、改信澄及信俊信隆、有故没収所領、配謫羽州山形、

信成
弾昌忠、父没収所領之時、被預浅野内匠頭長矩、謫居播州赤穂、後免許被召出、新規千俵賜之、為寄合組列、

●信昌
大内記入、従五位下、後改信政、
私曰、諸記所載信吉信政、兄弟作前後、誤也、

●幸道
伊豆守、従四位下、
初名右衛門信房、

●信弘
弾正忠、従五位下、幼名蔵人、出羽守、伊豆守、実同姓勘解由信就男也、初同姓孫七郎信親為養子、然幸道数子早世無嗣、依之為養子、令嗣其家督、

まず真田氏の家紋について注する。海野氏は、海野弥平四郎幸広の時は、洲浜を用いその後、六連銭と改めた。しかるに、武藤氏に属した昌幸は、最初は武藤氏の家紋「唐雁」を用いたが、後にはこれを使わなかったとする。ついでながら、真田氏の家紋は「六連銭」が有名である。古くは七九曜であり、洲浜であったのを変えたのである。一般にそれは、三途川の渡し賃とし

て、死を覚悟した真田氏の心意気にしたがったものと説明されるが、それはいわゆる俗説である。およそ滋野氏は馬飼のわざをよくする。その職能を受けて、真田氏は、聖なる白馬・芦毛の駒の脚に浮かびあがる「連銭」をもって家紋としたのである。

それはさておき、この「略系」には信之の弟の信繁、つまり「幸村」の名をあげる。その子としては、大坂の陣で、父とともに討死をした嫡男の大介「信隆」にとどめているが、実は幸村は、多くの子女をこの世に残しているのである。

## 「寛永諸家系図」の真田氏

もう一つ、江戸幕府の補修になる寛永の「諸家系図」のなかの「真田」をあげる。

寛永諸家系図伝

滋野姓

真田

信州海野白取之大明神奉祭滋野姓

祖土人相伝貞秀親王奉謚号滋野天王自古為真田氏神于今頼之或曰貞秀親王之後賜滋野姓者乎

清和天皇　人王五十六代

貞秀親王　号滋野天王

幸恒　海野小太郎

幸明　海小太郎

真家　祢津小太郎

重俊　望月三郎

幸真　海野小太郎　信濃守

（中略）

氏幸　小太郎　信濃守

幸棟　小太郎　信濃守

棟綱、　小太郎　信濃守

幸義、　小太郎　左京太夫
於信州与村上義清合戦之時戦死

幸隆

海野小太郎　弾正忠　生于信州
自此代居住于真田庄故以後為称号
天正二年五月十九日六十二歳而死
法名一徳斎

信綱
真田源太左衛門
天正三年五月廿一日三十九歳而参州
長篠合戦之時撃死

昌幸
真田安房守
慶長十四年於高野六十五歳而死

信昌
真田隠岐守　生于信州
天正十二年於駿州初奉拝謁
大権現
寛永九年於江戸病死八十六歳
法名無斎

幸政
長兵衛尉　生于信州
慶長五年於大坂奉仕

大権現其後奉仕
台徳院殿及
将軍家
寛永八年二月依　御為御使番

信勝
内蔵助　生于甲州
奉仕
台徳院殿
寛永二年為近習之列後奉仕
将軍家

幸信
左兵衛尉　生于信州
寛永十年奉仕
将軍家而勤御小姓組番

幸吉
市右衛門　生国同前
寛永十七年奉仕
将軍家勤御小姓組之番

信幸

真田伊豆守
文禄二年九月一日受秀吉之命叙従五
位任伊豆守
大権現賜御書数通記于後

信政
真田内記
元和三年
台徳院殿御上洛之時於京都蒙　鈞命叙従五位下

信重
隼人正

女子

女子

これでは、早く家康に従った「信昌」の系譜を添えていることが注目される。幸村の名は、当然、これにはない。兄の信幸の子女を記して終わっている。

## 真田氏と山岳修験

真田氏の素姓を語るのに、その山岳信仰のかかわりをあげるべきことは言うまでもない。およそ東信地方の氏族が氏神と仰ぐのは、元来、諏訪本社の諏訪明神（建御名方命）である。しかし勿論、それぞれの氏族は、在地の産土神を祀っている。真田氏の産土神は真田郷に鎮座する山家神社である。古く「延喜式」に記されている。四阿山《あずまやさん》の山頂にある白山社の里宮である。

真田郷の東北にそびえるのが、四阿山《あずまやさん》である。「吾妻山」「吾嬬山」「阿豆満山」「東屋」などと記されてきた。その主峰は二三三三メートル、火山より生じた霊山である。山頂に白山宮を祀るごとく、修験の霊場である。別当寺は岩井山理智院白山寺と称した。真田氏の信仰が厚く、永禄五年（一五六二）六月、真田幸隆・信綱は、四阿山白山社宮殿修造、天正二年（一五七四）十一月、信綱は小県郡蓮華堂子院に四阿山別当職を安堵している。また真田昌幸も、しばしば寄進をおこなっている。

その四阿山白山宮の里宮が、山家《やまが》神社である。中世にはもっぱら白山権現といわれ、山頂が奥院、鳥居峠に中院、真田に里宮・山家社があって、修験の活動が盛んにおこなわれていた。その里宮は別当天台宗白山寺が管理、本地仏は十一面観音であった。戦国時代には当然、真田信綱・昌幸などの寄進をうけたが、元和五年（一六一九）には信之が多くの地を寄進している。

当然、真田氏は、当山の修験山伏に支えられ、戦国時代を駆け抜けたものと言える。そこ

山岳宗教の聖地四阿山

で、先年、NHKで放送されたもの（平成二年十二月十九日）を基にして作成された『歴史誕生』（角川書店、平成三年）の「真田十勇士　山野を駈ける」の一節を引用しておく。この放映には、一部、筆者も加わっている。

## 真田の聖地・四阿山

大坂の陣における真田軍団のみごとな活躍ぶりは、真田十勇士という架空の英雄たちを生んだ。しかし、幸村が猿飛佐助をはじめとする忍者と結びつけて考えられたことには、別に理由があったはずである。

信州上田盆地を囲む険しい山々。戦国

山家神社参道

山家神社神殿

武将真田氏が山城を築いたこの地は、山岳宗教の聖地でもあった。

この地には、標高二三〇〇メートル、特殊な山容を呈する四阿山《あずまやさん》がある。この山は古くから地元の人々に崇《あが》められ、山伏が修行の場としていた。真田氏の領地には、こうした山の神が住む聖地がいくつもある。

岩肌が切り立ったこの一帯の渓谷には、猿飛佐助や霧隠才蔵などの忍者が忍術修行を積んだという伝説をもつ岩場もあった。こういった忍者伝説の地は、じつは、山伏たちの修行の場だったのである。

真田の領地のなかで最も重要な山岳宗教の聖地である四阿山。この霊山を仰ぐように、ふもとには山家《やまが》神社が建っている。

厳しい山国の暮らしのなかで、人々はこの山家神社と四阿山を古くから信仰してきた。そして、信州の地に深く根を張ってきた真田氏も、またこの山の神を保護し続けたのである。

山家神社には、真田氏が出した安堵状が残っている。真田氏は当主が替わるたびに、山家神社を管理する四阿山の別当に宛てて、その身分を保証する旨の安堵状をわざわざ出していたのである。

山伏との絆

真田氏が手厚く保護した四阿山信仰。そして、その山岳宗教を担う山伏たち。真田氏と山伏たちのあいだには、どのような関係があったのだろうか。

山奥で厳しい修行を重ねていた山伏たちは、超自然的な力をもつと信じられていた。山伏はまた布教のために全国を自由に動き回ることが許されていた。戦国武将たちは、敵方の情報を得るために、こういった山伏たちを利用したといわれている。

この山伏と真田氏の強い絆《きずな》を示すものが、四阿山のふもとの小さな集落に残っていた。真田氏発祥の地とされる角間《かくま》集落である。

近くの角間渓谷は両岸が隆い絶壁となり、奇岩怪

真田町角間区の祠に祀られている安知羅大明神

信州望月家の末裔、長野県佐久市（旧望月町）の
滋田家に残るほら貝（滋田正男氏蔵）

望月家に残る山伏装束（竜法師忍術屋敷蔵）
（「追跡・戦国甲賀忍者軍団」）

石が乱立している。渓谷の途中には、二〇〇〇段もの石段を上る岩屋観音があり、一時期は山伏たちが潜んでいたという。それを物語るように、谷間には鬼ヶ島、猿岩、天狗の欄干などと名づけられている切り立った岩場がいくつもある。

この渓谷からほど近いところに小さな祠《ほこら》がぽつんと建っている。古くから村の人々の手で大切に守られてきたものである。

なかに納められていたのは、地元で「あんちら様」と呼ばれる山の守り神だった。この木像は、じつは真田幸村の少年時代を映したものとされている。

この神様にまつわる伝説が残っていた。その昔、真田幸隆はこの地の屋敷に美しい姫をおいていた。あるとき、奥山の天狗が姫を見初《みそ》め、夜ごと忍んでくるうち、男の子が生まれた。それを知った幸隆は怒り、赤子を庭に放り投げた。すると、赤子はすっと立ってにっこり笑った。その姫と天狗とのあいだに生まれたその子供こそ、のちの幸村である。

関ヶ原の年の上田合戦以来、戦場で神出鬼没の大活躍を続けてきた幸村。あんちら様が幸村だとすれば、戦国武将真田幸村が山伏たちと深い絆を結んでいたとしても不思議ではない。

（「真田十勇士　山野を駆ける」角川書店、平成三年より）

# おわりに　英雄・真田幸村と甲賀忍者

## 真田十勇士の登場

およそ英雄伝説（英雄叙事詩）は、主人公の活躍を、A「異常な誕生」、B「異常な成長」、C「異常な婚姻」、D「異常な事業（悪賊退治）」、E「異常な苦難（異郷配流）」、F「異常な繁栄」、G「異常な最期（横死）」をもって叙される。この範型は、古今東西に通じるものである。日本においては、「甲賀三郎物語」がその代表である。これは史実を越えて、民族の英雄として語り継がれる。

真田幸村の生涯は、必ずしも明らかではない。しかし、戦国時代に、信州の弱小部族のなかで成長、強大な部族に立ち向かって異常な活躍をみせ、はからずも配流の身となり、華々しい働きの後に、壮絶な最期を遂げたとする真田幸村は、われわれの描く英雄像にきわめて近い。つまり幸村の生涯は、史実を越えて語られる。その原像は「甲賀三郎」にうかがえるのである。その出自は、信州の滋野氏にあったとする。

一方、これにしたがったと伝える甲賀の〈しのび〉（忍者）望月氏も、その出自は、信州の滋野氏にあったと伝える。その甲賀武士・甲賀忍者の実像もかならずしも明らかではない。長享元年の「鈎の陣」に突然に姿を見せ、甲賀武士として脚光をあびる。が、その職業は〈しのび〉が中心であったにちがいない。甲南町新治の望月氏から信長狙撃の人物として後世に名を伝えた善住坊《ぜんじゆぼう》も、山伏姿の〈しのび〉であった。出世は望まず、強大な武力に単身で立ち向かう働きから、われわれはそこに隠れた英雄を認める。幸村にしたがう真田十勇士の伝承はそれを示している。しかも、その十勇士の多くは、滋野一族の名を借りて登場する。

慶長十九年（一六一四）、真田幸村は豊臣方に加わるため、大阪城へ向かった。このとき、幸村主従は、〈しのび〉につながる山伏姿であったという。江戸末期に描かれた「大坂夏の陣 配陣図」には、望月・祢津の名に並んで、猿飛佐助の名も見える。慶長二十年（一六一五）五月七日には、関東方の中央を突破した幸村の一党は、家康の本陣間近に迫る。そのために家康本陣の旗は、二度にわたって倒れる。家康自身も、もはやこれまでと覚悟したという。しかし、幸村は、ついには討死して果てる。

この真田幸村の勇壮な物語は、時の流れのなかで、英雄叙事詩の範型に近づいてゆく。そしてこれにしたがったとする甲賀忍者猿飛佐助の登場する真田十勇士も、史実を越えて語られてゆく。それは虚構と言うべきであろうが、われわれが求める真実の歴史はそこにある。「甲賀三郎物語」に準じた新しい英雄伝説（神話）である。

## 甲賀三郎の末裔・望月氏の行方

望月一族の研究を続けてきた立命館大学の福田晃教授は、忍者の世界の裏には、日本人の歴史を知る豊かな手がかりが隠されていることを強調する。

「山伏の人たちは、相当驚くようなことをやりますね。火の上のようなところを自由に歩いて渡ったり、あるいは神がかりに入った人なんか、今でも二メートルも三メートルも、猛然と飛び上がったり、というふうなことをやります。そういうことを、訓練を積んで磨きをかけてやってきた人が、忍者というふうなことでして、この人たちは、そういう時代の要求がなくなれば、もとの神がかりに従う呪術集団として生活を営むことになっていくのだと思います。ほんとうは、忍者のような姿をとらなかった同じようなマジック・パワーや特別な神祭をしている人たちが、甲賀・伊賀だけではなくてたくさんいたのです。もちろん、信州の望月方面がそれの大きな中心でございましたが、そういう方々が、日本の各地におられたわけです。忍者のようなかたちはとられなかったのだけれども、あるいは歴史を直接動かすというふうなことにはならなかったのですが、まあいうならば、ほんとうの日本人の生活史の裏方をつとめた人たちがたくさんおられたということです。そういう意味で、甲賀の望月氏の場合なんかは極端な例なんです。あるいは、ひとつの象徴的な例といえるかもしれませんね。甲賀の望月氏も、日本の歴史の裏方の一端を担ったのですが、望月氏のようなかたちにならなかった人たちがたくさんおられて、それがほんとうの日本人の裏方をつとめていたのだということを、望月家の場合をとおして、私は考えてみたいと思っているんですけどね。」

（福田談）

滋賀県甲賀市甲南町竜法師、望月一族の忍術屋敷が残るこの地に、「流星」と呼ばれる花火が伝わっている。この「流星」こそは、かつて甲賀忍者が盛んに用いたのろしだという。乱世が去っていつしか本来の用途は忘れられ、平和な地区の行事として生き続けてきたのである。

望月兵太夫、六十三歳。望月与右衛門、三十四歳。この二人《ふたり》が、忍者として最後に名を残した望月一族である。彼らは寛永十五年（一六三八）忍びの者として天草の乱に出陣。しかしさしたる軍功もなく乱は終わり、そして忍者の時代も去ったのである。竜法師の望月本家も、本実坊と名のる山伏に戻り、また薬を作り売る、ふだんの顔に戻っていった。その薬作りは、今に至るまで連綿として続いている。

（「追跡・戦国甲賀忍者軍団」より）

# 第二部

# 甲賀望月氏《ふるさと探訪》

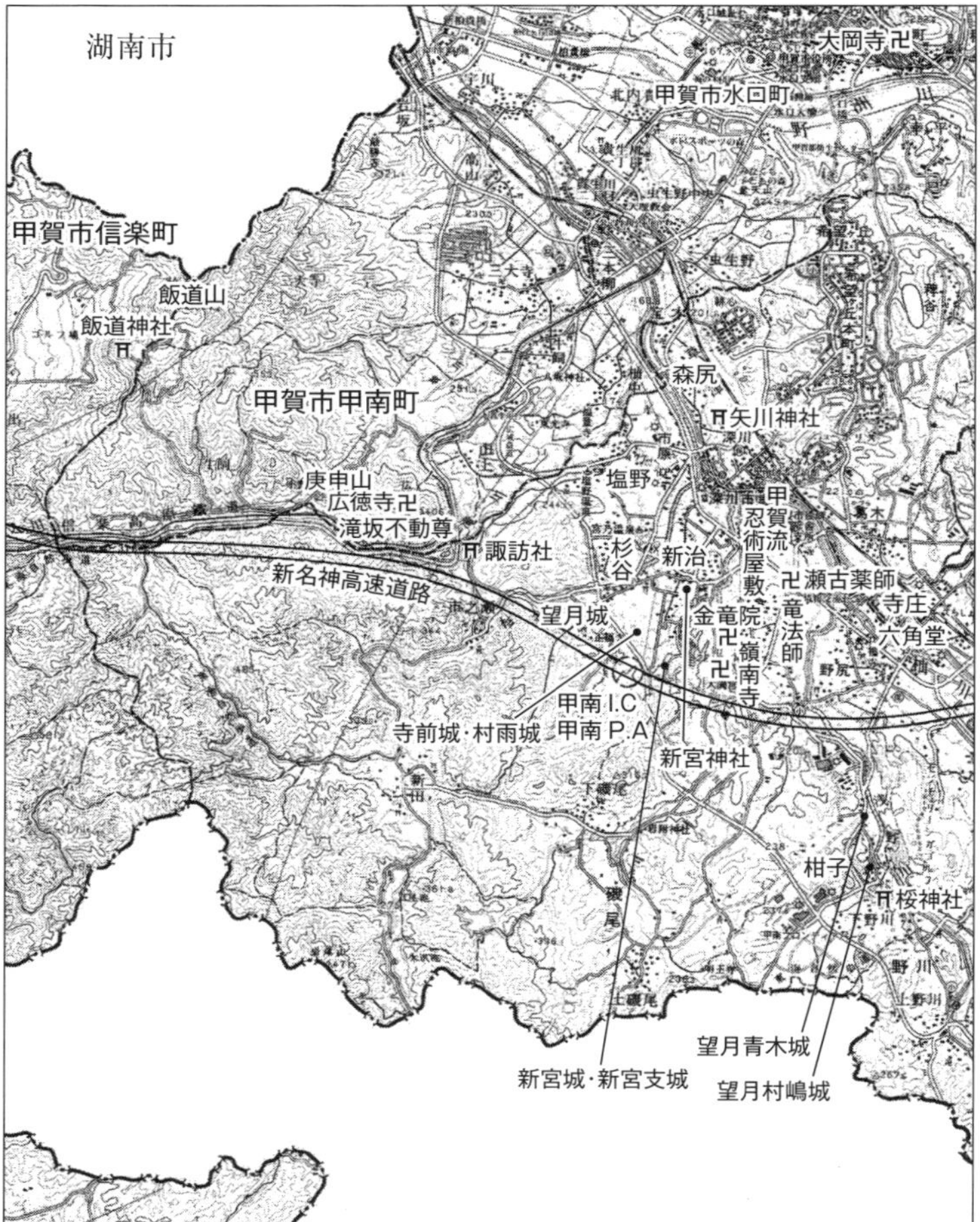

湖南市
大岡寺
甲賀市水口町
甲賀市信楽町
飯道山
飯道神社
甲賀市甲南町
森尻
矢川神社
庚申山
広徳寺
塩野
甲賀流忍術屋敷
滝坂不動尊
諏訪社
杉谷
新治
瀬古薬師
寺庄
新名神高速道路
金竜院
竜法師
六角堂
望月城
嶺南寺
甲南 I.C
甲南 P.A
寺前城・村雨城
新宮神社
柑子
桜神社
望月青木城
新宮城・新宮支城
望月村嶋城

## 1 甲賀《こうか》への誘い

滋賀県甲賀市は甲賀忍者の里として知られている。「こうが」と言わずに「こうか」と呼ぶ。滋賀県にありながら、琵琶湖からは遠く離れ、お隣はやはり忍びの里として有名な三重県伊賀の国である。

高くはないが標高三〇〇メートル程の丘陵が広く覆っており、上空から見ると、ヤツデの葉を広げたように細かな谷が複雑に入り組み、さながら迷路のようでもあり、隠れ里と呼ばれるのにふさわしい。中世、甲賀地方では、甲賀全域を支配する強大な権力は生まれず、それぞれの地域で地侍たちが割拠し、掟を定めながら同族間で結束を強めていた。信長の軍勢が目前に迫る永禄年間の頃になると、各地域の地侍たちが互いに連合して「甲賀郡中惣《ぐんちゅうそう》」を組織し、自らの力で自らの地を治める自治を行っていたことでも有名だ。そして狭隘な地域にひしめき合うように二〇〇近くの中世城館を築き、甲賀の地を守ってきたのである。テレビやアニメでおなじみの超人的イメージの忍者ではなく、互いに連携してこの地を守ってきた地侍たちであった。

彼らはまた甲賀衆と呼ばれ、主に近江の守護、六角氏と主従関係にあった。六角氏が攻められると、本城の観音寺城を棄て、その逃避先は決まって甲賀だった。その時に頼りにされたのが、甲賀の複雑な地形と勇猛な甲賀衆たちであり、六角氏の軍事力の一翼を担っていたのである。

長享元年（一四八七）、足利九代将軍義尚は延

暦寺領などの荘園横領から、六角高頼の追討を決意、自ら栗太郡鈎《まがり》に陣を張る。その時に甲賀衆が夜襲をかけ、足利義尚を討ったという。世に言う「鈎の陣の夜襲」である。そしてこの時に参軍した者を甲賀五十三家、抜群の功績があった者を甲賀二十一家と呼ぶようになる。実際は、陣中での不摂生がたたり、義尚は病没したのだが、享保十九年（一七三四）に書かれた近江の地誌である「近江輿《よ》地《ち》志略」によれば、甲賀忍びとして広く世に知られるようになったのは、この時の神妙奇異な働きによるものとしている。江戸時代の甲賀古士（甲賀衆の末裔）たちもその時の活躍を自家の由緒として何よりも誇りに思うようになっていく。

甲賀の眺め

そうした甲賀衆のひとつに望月氏がいる。

望月氏は現在の甲南町域の北西部（古代から中世にかけて池が原杣庄とも呼ばれていた地域）を領有していた有力な甲賀侍衆であり、この地に数多くの城館を築き、三雲氏と並んでとりわけ守護六角氏と強い結びつきがあったことでも知られる。

望月氏は伝説の英雄、甲賀三郎を祖に仰ぎ、諏訪縁起などの中世の縁起物語などで広く知られた「甲賀三郎物語」と深く関わり、その伝説のみならず、それを信じた人々の歴史や事績が深く地域に根を下ろしていることでも興味深い。望月氏と甲賀三郎に関わる史跡を甲賀の地に訪ねることにしよう。

## 2 杣の一之宮 矢川神社を訪ねて

甲賀市のなかでも南西部に位置し、伊賀と接する甲南町が甲賀望月氏のふるさとである。水口町貴生川から県道草津伊賀線を三重県方面に進むと、やがて擬宝珠で飾った矢川橋が見えてくる。眼下に流れる川を杣川という。甲賀の地は奈良時代、森林資源が豊富で甲賀杣《そま》とも呼ばれ、南都の大寺院建立のための用材を供給する杣山があったところであり、東大寺建立の際には、古代の製材所である甲賀山作所もこの周辺に置かれたという。矢川橋付近には山から切り出した木材を川に流すための川津があったところと伝えられており、それを矢川津と呼んだ。正倉院文書によれば天平五年（七六一）、甲賀山から法備国師により「三丈板殿一宇」が矢川津から石山院へ運送されたことが見え、こうした単なる平野村ではない古代における「山」とのつながりが、この地域の歴史的な特徴といえるだろう。天台宗の開祖、伝教大師最澄が根本中堂の用材を甲賀の山に求めたという伝承が天台寺院に残っているのもそのためだ。

矢川橋付近はまた、天保十三年（一八四二）、幕府が行った理不尽な見分（土地調査）に怒り立ち上がった一揆の農民たちが結集したところである。天保一揆と呼ばれる農民レジスタンスでは、幕府の勘定所役人である市野茂三郎《もさぶろう》に対して「十万日の日延べ」という見分の実質上の中止を勝ち取った。平成三年、天保義民一五〇年祭を記念して建てられたのが、橋の北詰に建つ天保義民メモリアルタワーであり、一揆の顛末がレリーフで表現されている。一揆の首謀者である村の庄屋たちは捕らえられ命を落としたが、彼らの勇気ある行動が後に義民として称えられた。一揆を成功に導いたのは、甲賀の人々の地域を思う熱い心と強い団結力によるものとして今に語り継がれている。

天保義民メモリアルパーク

そして近くに、石造の鳥居が見え、並木が続く参道奥に鎮座するのが矢川神社である。杣川を挟んでその対岸にある新治の新宮神社、さらに飯道山麓に鎮座する三大寺の日吉神社と合わせて杣の三社と呼ばれた。

古風な茅葺の楼門が参拝者を迎える。矢川神社の創建は古く、延喜式神名帳に甲賀郡八座とひとつとして記された式内社であることから、奈良時代にはこの地に鎮座していたのだろう。大己貴《おおなむち》命と矢川枝姫《やがわえひめ》命を祭神とし、中世には杣庄内二十二ヶ村の総社として「杣一之宮矢川大明神」と称された。また甲賀の雨宮とも呼ばれ、雨乞い祈願の神社として近隣に知られていた。茅葺の楼門は滋賀県指定の有形文化財であり、矢川神社の社記「矢川雑記」によれば、大和の国山辺《やまべ》郡五十ヶ村から雨が降ったお礼として寄進されたものと伝わる。楼門というからには創建当初は二層であったが文禄の頃、大風で倒壊し、今のように単層になったという。平成十六年からの解体修理の際に、建築部材から文明十四年（一四八二）という墨書が発見され、建立年代が分かった。

本殿は甲賀地方でも特筆すべき大型の社殿で、三間社前室付流造の建造物として甲賀市の有形文化財に指定されている。近江八幡の大工、高木但馬が造営した堂々とした本殿で、棟札から宝暦五年（一七五五）の造営であることが分かり、蟇股や虹梁などに近世特有の彫刻が施され美しい。

矢川神社楼門

さらに境内地は国指定史跡「甲賀郡中惣遺跡群」のひとつに指定されている。「甲賀郡中惣遺跡群」とは、中世の甲賀衆が行った自治の支配のあり方よく示す遺跡として、甲南町新治の五ヶ所の中世城館に加え、こうした神社境内地も甲賀町の油日神社とともに国指定史跡に

矢川神社門前の石造太鼓橋

なっているのである。中世の甲賀衆が郷鎮守社に集まり、神を前にして合議が行われていたのだろう。元亀二年（一五七一）の山中文書によれば、矢川社と対岸の新宮社が飯道寺と相論に及んだ際、「矢河下馬」前で、甲賀郡中惣から選出された奉行衆により裁定が行われたことが記されている。甲賀の侍衆たちが、神前で結束を固め、地域を治めるための精神的な紐帯となっていた。中世文書に描かれたその通りの世界を今もみることができる。

さて矢川神社には「甲賀由緒概史略」なる書物が一巻伝わっている。書かれたのは明治十三年、著者は深川の大工小山九兵衛で、近代のものではあるが、当時甲賀地方に伝わっていた伝説や伝承を広く書き留めたものであり、この中に「甲賀三郎之事」という一項がある。

これには甲賀三郎兼家が信州から移ってきたとし、三郎兼家の魔物退治の物語をうまく織り交ぜながら、三郎が平将門を討ち甲賀郡を賜ったこと、さらに京都に鎮座する下社系の諏訪神社の勧請に関わる話や、塩野の諏訪社の本地仏が龍王山大岡寺の観世音とすることなどが細かく描かれている。この記述を生んだ背景を、この近代の書物の中に読み解いていかねばならないのだろう。歴史学の隙間を埋める鍵が隠されている。

## 甲賀大工と前挽鋸

この書を書いた小山九兵衛は近世、甲賀を代表する大工の棟梁であった。矢川神社周辺の深川、深川市場、そして森尻という集落は大工や木を製材する木挽《こびき》き職人が多く住んだ町でもある。そして鋸を製造していた町でもあった。この鋸は木を板に製材するための縦挽き用の鋸で前挽鋸《まえびきのこ》と呼ばれ、クジラの頭のような形をしている。江戸時代の中頃より製造が始まり、明治後半に最盛期を迎え、「近江甲賀の前挽鋸」として全国にその名が知られていた。昭和の始め頃まではこの町筋を歩くと、あちこちから鋸を打つ槌音が「トンテンカン」と聞こえていたという。木を倒す杣師、倒した木を製材する木挽き、そして製材した木を組み上げる大工、そして鋸の生産など木に関わる職人が集まって

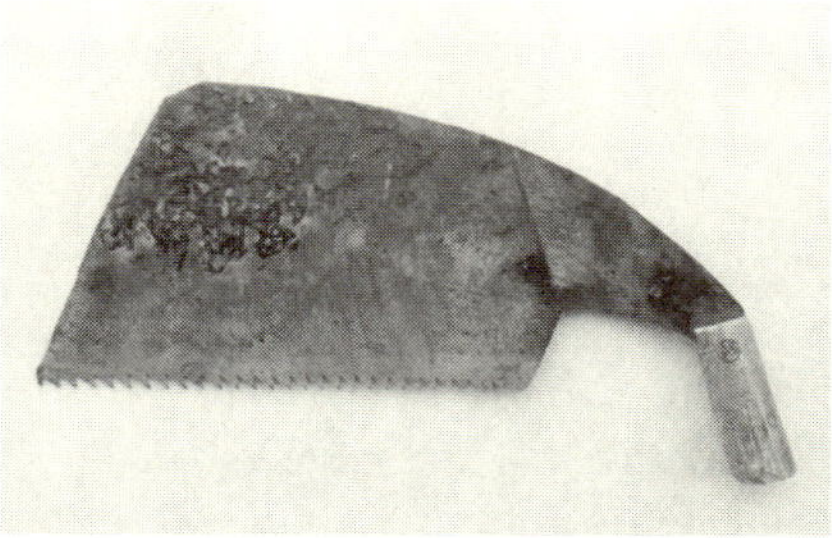

甲賀前挽鋸

いた甲南の町、そこには奈良時代以来の甲賀杣の伝統がしっかりと息づく。甲賀三郎伝説は、こうした山や木を生業としたところで育まれたといっていい。三郎の物語は諏訪信仰とともに焼き畑や狩猟を生業とした山間の集落に多く伝わっているという。

　帰りがけに、楼門近くに立つ与謝蕪村の歌碑を

与謝蕪村の句碑

忘れずに見ておこう。「甲賀衆しのびの賭や夜半の秋」と読める。太平の世になって、忍者として働き口がなくなった甲賀衆が秋の夜長に賭け事に興じているという蕪村独特の洒落が効いた句である。

## 3 山伏の里　竜法師を歩く

### 竜法師の古寺、嶺南《れいなん》寺と金龍院

竜法師とは何か謎めいた興味そそられる地名である。「りゅうぼし」と読む。伝承では聖徳太子が当地に棲んでいた大蛇を退治し、仏の弟子としたことから竜の法師と名付けられたという。そういえば、甲賀地方には竜や大蛇に因む伝説が多い。

嶺南寺に建つ松尾芭蕉句碑

伝教大師最澄が延暦寺根本中堂の用材をこの地に求めた時、大蛇が邪魔をし、金竜の法で退治すると用材が切り出せたとする伝説もあり、杣山から木を伐りだす時の困難をこのような伝説で表現したのだろう。

さて、竜法師は杣川の段丘上にある集落で、近世には近江の水口から伊賀上野までを結ぶ伊賀街道（伊賀道）が通っていた。通称ムネミチと呼ばれる尾根道を行くと伊賀の内保へと抜けられる。集落の南の丘陵地に天台宗の嶺南寺が、また集落内には浄土宗の金龍院というふたつの古寺がある。

竜法師は山伏の里でもある。深い緑に覆われた丘陵の坂を登り、嶺南寺の境内に足を踏み入れると、庭の入口に句碑がみえる。「秋山にあら山伏の祈るこえ」とあり、背面には「伊賀街道竜法師邨は山伏の里」と前書きがあって、「山陰は山伏村のひとかまえ」の一句が添えられている。共に俳聖松尾芭蕉がこの地方の情景を詠んだ句であるが、それほどに多くの山伏がいたのだった。

本堂裏の墓地に行くと、竜法師望月家の古い墓石が並ぶ。比較的新しい墓でも望月家の墓標には「蔵之坊」「主殿坊」「松之坊」など山伏の坊名を掲げており、墓碑には「権大僧都《ごんだいそうず》」や「大越家《だいおっけ》」など山伏の位階が付いている。竜法師の望月家は、多くの山伏を輩出していたことが分かる。今でもこうした家々では、坊名で呼び合っているという。

嶺南寺は、神亀二年（七二五）、良弁僧正の開基と伝え、その後延暦年間（七八二〜八〇六）に伝教大師最澄がこの地を訪れ、疫病が流行っているのを見て鬼門の地に薬師如来と地蔵菩薩を安置、病は治まったのだと伝えられている。本堂は真新しく、堂内には延命のご利益がある木造地蔵菩薩坐像がお祀りされている。右手に錫杖、左手に宝珠を持ち、流麗な翻波《ほんぱ》式の衣文が美しい鎌倉時代の作で、国指定の重要文化財である。

隣接して天満宮があり、かつての神仏習合の名残をみせる。社殿の左手のうっそうとした杉木立を見上げると、誰が上げたものか分からないが、瓦製の大きな天狗の面がこちらを睨んでいる。なるほど山伏の里にふさわしい。

竜法師天満宮の天狗面

伊賀街道を集落の方へ下ると浄土宗金龍院の本堂の甍が見えてくる。四脚門をくぐり玉砂利の敷かれた境内に入ると、本堂前のひときわ大きな宝篋印塔が目に入る。塔身部に金剛界の四仏の梵字を陰刻し、基礎部分には嘉元三年（一三〇五）と銘が刻まれ、在銘品としては市内最古の宝篋印塔である。

金龍院にもまた望月家の墓があるが、竜法師の望月家の中にも株（冠婚や葬祭などの際に助け合う同族集団）によって、天台宗に墓がある家と浄土宗に墓をもつ家がある。

本堂の西側に小さな赤い社殿が建つが、ここに金龍さんと呼ばれる龍神さんが祀られている。この寺に望月家の面々が集まり、龍神さんを拝んでいると、甲賀三郎の霊が乗り移り、「俺は甲賀三郎兼家じゃ、望月家の先祖じゃ」という声がした

石造宝篋印塔（甲賀市指定文化財）

という。そんな昔話を聞かせてくれたおばあさんが住んでおられたのも、ここ竜法師だ。そういえば甲賀三郎の伝承地は龍と関係が深い。信州でも諏訪湖には甲賀三郎が龍神となって住むといい、御代田町の真楽寺の大沼の池から現れた甲賀三郎は龍神の姿であり、今は龍神祭として賑わっている。甲賀でも甲賀三郎物語の発信地であった水口町大岡寺は龍王山と称する。そして竜法師に金龍院があり、龍神さんが祀られている。

金龍院は天元年間（九七八〜九八三）に恵心僧都が建立したと伝える古刹であり、文化財も豊富だ。本堂須弥壇の左脇に安置された木造阿弥陀如来坐像は来迎印を結び、やや目じりがつり上がった個性的な面相が特徴で、また右脇の木造阿弥陀如来立像は鎌倉時代の優作でいわゆる安阿弥様を示し、いずれも甲賀市指定有形文化財である。

## 伊賀街道を行く

伊賀街道に沿って建つ家屋もかつては茅葺民家が立ち並んで長閑な田舎らしい集落景観を見せていた。さすがに今は現代風の家も目立つが、しかしよく目を凝らすと茅葺屋根の妻部分に望月家の家紋である九曜紋をあしらった家も残っており、こうした歴史の遺品を見つけながらそぞろ歩くのも楽しい。酒屋を営む白壁の大

竜法師集落の家並み

きな蔵に出会ったり、少し脇道に入り込むと時が止まったかのような古風な板壁の続く街角に迷い込む。伊賀街道と忍術屋敷への道が交差する野村のあたりは、近世に山伏をしていた望月家の家々が集まっている。忍術屋敷は本実《ほんじつ》坊、古い門構えの醤油屋さんは主殿《との》坊、そして街道に沿って松之坊や蔵之坊などの坊名を伝える家が残り、それぞれにお札や仏像を描いた掛け軸、木造の不動明王像など山伏の家ならではの遺品が残る。さらに望月蔵之坊家の享保年間の古文書を見ると、江戸時代には金蔵坊、本行坊、西光坊、正教坊、覚蔵坊を名乗る多くの山伏がいたことが分かる。

### 竜法師に残る甲賀三郎兼家の足跡《そくせき》

竜法師には、甲賀望月氏が祖と仰ぐ「甲賀三郎兼家」の事績が残っている。三郎兼家はもちろん

甲賀三郎兼家作不動明王像と伝える
（青木福松家所蔵）

伝承上の人物であったが、望月蔵之坊家の由緒には次のようにある。「伊勢山田之地主大己貴命第二御子建御名方命、是諏訪望月之祖也」とあり諏訪重頼源左衛門尉を父とし、望月重宗信濃守、諏訪貞頼美濃守、望月兼家三郎隠岐守の三人の子があり、そして竜穴に三郎を押し落とし、現れ出た所は近江国甲賀郡で、水口綾野の岡観音堂は兼家

の古跡である、といったように甲賀三郎兼家の伝承を由緒の中に取り込んで作成されている。そして兼家が京都の諏訪社に居住していた時、鹿を食べる際の穢れを払う祭文として「業尽有情、雖放不生、故宿人天、同証仏果」という文言を載せ、応永二十五年（一四一八）に塩野村へ諏訪社を勧請し、そして正月には諏訪社に参拝すべきことを記し、望月家と諏訪社とに関わりの深さを示している。

　中には「忍術應義傳」なる忍術の巻物を伝える望月家もある。巻末には、「天正十四年丙戌年十一月七日　甲賀三郎兼家末孫　望月重家（花押）」と記され、この忍術書をしたためた野田の望月重家は三郎兼家の末孫であるとする。三郎兼家の遺品といえば、「竜法師古来記」に「兼家公自ら守護神を作して、作られし不動尊」とあり、竜法師の青木福松家宅の仏壇に土の塊のような土人形が祀られているが、これには不動明王が線刻され、背面には確かに甲賀三郎兼家と刻まれている。不動明王であることから甲賀三郎の末裔を名乗る人々が山伏であり、そしてそれを自ら作ったとすることで伝承上の英雄がますます現実化され

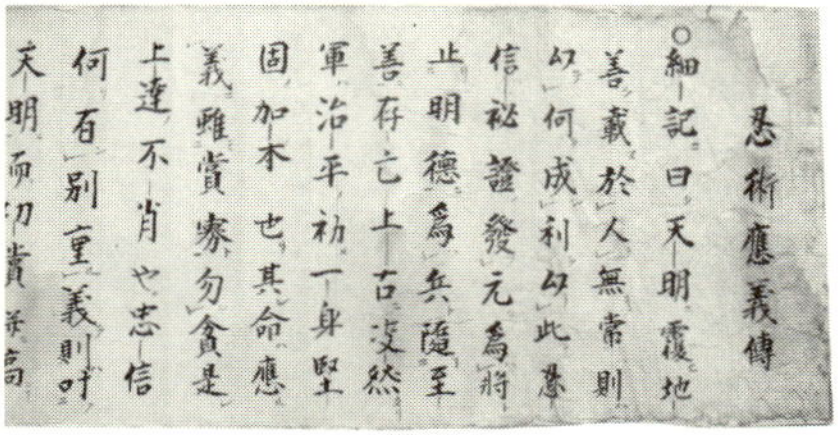
忍術應義傳

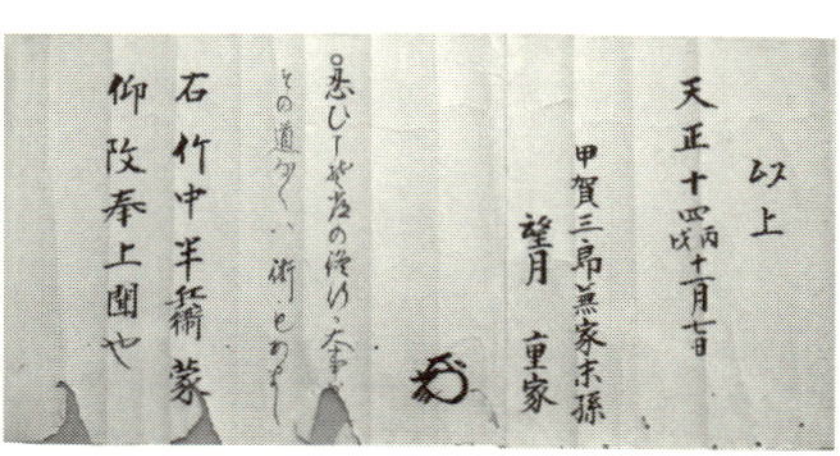
以上
天正十四丙戌十一月七日
甲賀三郎兼家末孫
望月　重家

忍術應義傳（現在は甲賀市蔵）

人々の間で信じられてくる。

甲賀三郎兼家の物語を変容させながら由緒に取り込み、三郎兼家を祖とする由緒、系図が望月一族の中で共有されていく。中世に武士であった甲賀古士たちは江戸時代に入ると、過去の数々の功績をしたためた自家の由緒を確立し始めるが、望月家にあっては、甲賀の英雄であった甲賀三郎兼家の末裔であることを主張することが重要だったのである。

## 山伏望月家と伊勢朝熊岳明王院

竜法師の望月家の多くは、遺る資料から近江屈指の修験霊場であった甲賀飯道山《はんどうさん》の山伏であり、一方で伊勢朝熊《あさま》岳明王院の使僧を勤めていたことが分かる。

飯道山は、水口と信楽の境にそびえる標高六六四メートルの山で、その二の峰には国指定重要文化財に指定された飯道神社本殿が鎮座している。最盛期には五十八宇からの堂舎があったと伝えられ、近江における修験道の一大拠点であった。中でも醍醐寺三宝院を本寺に仰ぐ当山派（真言系）の飯道寺梅本院、岩本院が正大先達寺院として全国的な勢力を有していた。竜法師の望月家は岩本院に属し、醍醐寺三宝院配下の当山派山伏として大和大峯山に入峯し、権大僧都などの修験の位階を得る一方、

信楽町宮町側から見た飯道山

里に下りては伊勢志摩地方の修験道の拠点、朝熊岳に山伏として仕えることになる。望月蔵之坊家文書によれば、「御本寺様者朝熊明王院様、天保六未九月」とあることから、江戸後期には伊勢朝熊岳で活動していたのだろう。

伊勢朝熊岳は伊勢神宮の背後の山岳にあり、「伊勢へ参らば朝熊をかけよ、朝熊かけねば片参り」と俗謡に歌われるほどに伊勢信仰とともに発展をした。朝熊岳には金剛證寺があり、ここの本尊が福威智満虚空蔵菩薩であった。竜法師の望月家に虚空蔵菩薩のお像や掛け軸が多く残っているのもそのためである。甲賀に残る虚空蔵菩薩の絵像は独特で、宝剣を手にして結跏趺坐し、背後に三十七尊からなる如来像を描く。虚空蔵菩薩を本尊にしてその真言をひたすら唱えると頭脳明晰になるという。求聞持法とよばれるこの修行は、若き空海も挑んだことでも知られ、伊勢朝熊岳も古くはこの修行道場でも

飯道神社本殿（国指定重要文化財）

朝熊岳金剛證寺の塔婆群

朝熊岳本尊虚空蔵菩薩像
（望月蔵之坊家所蔵）

あった。

では、伊勢朝熊岳に仕えた望月家はどのような活動をしていたのだろうか。現在竜法師で醤油屋を営んでいるおられる望月主殿坊家には、お札や虚空蔵菩薩の御影、霊方満金丹とある薬袋などを刷った版木、そして各種の祈願を記した版木が残されている。こうした資料から、望月家は朝熊岳山内にあった護摩堂明王院（万延元年に火災で焼失、明治初年に廃寺となる）に仕え、不動明王を本尊にご祈祷が行われ、そしてお札を授与し、さらに朝熊の万金丹なる万能薬を授けていたことが推測できる。庶民からの最も切実な願いは病気平

朝熊岳明王院（金剛證寺山内絵図より）

癒であったのだろう。山伏の霊力によって祈願された薬は、効能抜群として信じられたにちがいない。これらの万金丹は秘かに甲賀の里で作られていた。山岳宗教と薬業とは日本では古来より関連をもって発展をし、立山修験と富山の反魂丹、吉野・大峯の陀羅尼助などはよく知られているが、甲賀の山伏もまた医薬には通じており、今日の甲賀の配置売薬の礎を築いたのも甲賀の山伏たちであった。

## 望月姓の由来

竜法師の望月家はどのような経緯で「モチヅキ」を名乗るようになったのだろうか。望月蔵之坊家に興味深い文書が残されている。享保十一年(一七二六)の文書に「貴殿儀今度同名相談之上、諏訪之氏子ニ成、望月名字免之候」とあり、野田の望月儀左衛門、塩野の望月兵四郎から諏訪の氏子になることを認められて、竜法師の望月蔵之坊はこの時から望月の姓を許されたことになる。しかしそれに先立つ享保六年(一七二一)に池田村の小兵衛が(望月)正教坊に療治に行った際に名字を尋ねており、「先祖には由緒正しい名字があったが山伏坊人職であったため家名もいらなくなり、使わなくなった」と答えている。すると小兵衛は「それは惜しいことだ、で、何という家名か」と再度尋ねると、「(元々は)望月何某の末孫だ」と返答する。そこで小兵衛が塩野村の望月甚太夫に頼み、由緒正しいことが認められて望月同名の仲間入りをした、というものだ。

享保十一年に望月を名乗ることが認められたとあるが、それは長らく山伏職をしていて家名を使わなくなったためで、やはり古くから竜法師の望月は、由緒あるれっきとした望月姓を有していたのであった。

## 甲賀三郎モニュメントと瀬古薬師

忍術屋敷の前の道を甲南情報交流センター「忍の里プララ」へと進むと、その裏手入り口に男女が絡み合った像が建っている。これが甲賀三郎モニュメントである。「忍の里プララ」という文化ホールがオープンした際、住民自らの手により、地域に因んだ伝説をミュージカルに仕立てて上演しようという話が持ち上がり、その時取り上げられたのが「甲賀三郎伝説」であった。ここ竜法師から忍者ミュージカルとして発信され、それまであまり知られていなかった甲賀三郎の名が一気に地域に広がるとともに、長野県望月町（現佐久市）での公演も実現した。このモニュメントは愛と勇気をテーマにし、三郎諏方《よりかた》と春日姫を象っている。

甲賀三郎モニュメント

プララの裏手の道を直進して県道草津伊賀線を越えると、小さなお堂が見える。瀬古の薬師堂であり、薬師如来像を祀る。その昔、瀬古の集落に火災が絶えなかったことからお薬師さんに祈願、すると不思議と火災がやんだ。それ以来、この薬師さんは「火伏せの薬師」と呼ばれるようになった。

現在は途絶えてしまったが、近年まで薬師さんの会式に「流星」という手作り花火が打ち上げられていた。一説に忍者の狼煙《のろし》が起源であるとも伝えられる。延宝四年（一六七六）に書かれた忍術の秘伝書「万川集海《ばんせんしゅうかい》」に火薬を詰めて放つ大国火矢が描かれている。火薬を推進力とし矢の威力を高めたもので、甲賀流忍術は当時の先端技術である火薬を巧みに取り入れていたのだった。

瀬古薬師堂

白洲正子が「鈴鹿の流れ星」（『近江山河抄』所収）という随筆の中で竜法師を取り上げており、「この村には古くから花火の伝統があって、竜法師は流星の転訛だ」だとし、「竜法師と流星、山伏と忍者、花火と薬、山と水の信仰、このささやかな山村の内部にも、それらのすべてがからみ合い、交じり合って、複雑な様相を呈している」と印象を述べている。ごくありふれた集落にみえるが、一歩足を踏み入れると、なんとも奥深い文化が潜んでいるのである。

## 4 甲賀流忍術屋敷と望月氏

竜法師の集落内にあって、今日、多くの観光客で賑わっているのが甲賀流忍術屋敷である。現在は屋敷だけが残されているが、かつては石垣を備えた門と蔵が立ち並ぶ豪壮な屋敷であったと伝えられている。

入り口には、望月の家紋である九曜の紋と忍術丸と記した大きな薬の看板が目につく。近江製剤株式会社とあり、そう、ここは薬会社でもあったのである。

屋敷に上がると座敷に通され、薬草茶がふるまわれる。

では、忍術屋敷の内部を覗いてみることにしよう。「奥の間の戸板は手を掛けるところがなく、家の主を追ってきた敵はこの戸板を開けるのに手間取り、その間に主はいち早く身を隠してしまう。次の間の扉は鍵がかけられているが、しかし扉の隙間に紙片や落ち葉を差し込むだけで、不思議とスッと開けることができる。座敷をつなぐ四角い床板を開けると、不思議なことに屋敷の真ん中に井戸がある。三メートルほどの深さがあり今も水が溜まっている。よく見ると井戸の底に横穴が掘られており、この横穴から近くの分家へと脱出できる。その横の壁がどんでん返し。くるっと回ると姿が消えたかのように見える。押入れを開けると隠し階段、中二階へと上がれ、一見平屋建てのように見えるが二階建てになっている。」と、このように不思議なからくりを体験することができる。

甲賀流忍術屋敷

屋敷内では忍者の定番の武器、手裏剣投げの体験もでき、また水蜘蛛やマキビシなど様々な忍具も展示されていて、甲賀忍者の真髄が体感できるのだ。

さて、この建物が建てられたのが元禄の頃と考えられている。太平の世になぜ望月氏はこのような不思議な屋敷を建てたのか、今も謎としか言いようがない。

甲賀流忍術屋敷のからくり

望月家に伝わる忍びの技術を後世に伝承しようとしたものか、あるいはこの時代でも尚、外敵の侵入を防がねばならない何かがあったのだろうか。薬は当時、一子相伝の秘薬であり、その秘法を守らねばならなかったのだろうか。忍び込む忍者と姿を眩ます忍者の知恵比べといったところだろうか、忍術屋敷を前にして、いろいろと空想を巡らすのも楽しい。

明治時代、谷筋で分断された竜法師地先を舞台に日本陸軍の大演習が行われ、この時、忍術屋敷に総本部が置かれたという。隠れやすく攻めにくいその地形は、攻防戦を実践するのにうってつけだったのだろう。さすが忍者を生み出した里である。

そして、この屋敷にも「忍術應儀傳」が一巻伝わっている。内容的には聖徳太子が物部守屋を討てたのは馬杉の人であった大伴細人によるもので、それ故、太子から志能備《しのび》と名付けられたとある。甲南町上馬杉には油日神社と聖徳太子を祀った太子堂が現存し、聖徳太子と守屋の伝説が色濃く残っている。

## 望月本実家の山伏活動と売薬業

この家は代々望月本実を襲名する山伏の屋敷でもあった。家伝によれば「江州飯道寺、正大先達岩本院の代理を務めて大和大峯に登り、二代目本実が醍醐寺三宝院に奉仕して龍法院の院号を賜った」とされる。「近江輿地志略」によれば、「七百年以来梅本院、岩本院、大峯当山方三宝院門主の先達を勤め、毎年金峰山に入る」とあり、望月本実家も醍醐寺三宝院に属する当山派山伏として入峯していたのだろう。三宝院門主の大峯入峯については「當山御入峯行列記」が参考になる。これによれば、文化元年（一八〇四）に三宝院門主であった高演大僧正が大和大峯山から熊野への奥駈行を行うに先立ち、全国から数千人の山伏たちが京都に集まり、大々的な山伏行列が繰り広げられた。これには江州岩本院先達、梅本院先達をはじめ、諸国出世山伏として「龍法師年番組」も参加している。この時、矢川神社に襖絵を残した文人画家、横井金谷《よこいきんこく》も同行し、「金谷

飯道山における採燈護摩供

上人行状記」の中に山岳修行の厳しさとともに、自然の美しさを洒脱な表現で描いている。

　そして、三代目本実（十七世紀後半の人か）が「万金丹」と「人参活血勢竜湯《にんじんかっけつせいりゅうとう》」なる二種の薬を作り、家伝薬として販売したと伝えられ、山伏であると同時に製薬、売薬を生業としたのであった。竜法師の望月家の多くが、伊勢朝熊岳山内にあった明王院に仕えお札とともに万金丹を授けていたが、薬袋には望月家の家紋である九曜紋を入れ、「霊方万金丹」そして「正大先達龍法院望月本実謹製」と記し、山伏が作った薬として販売されていたのである。

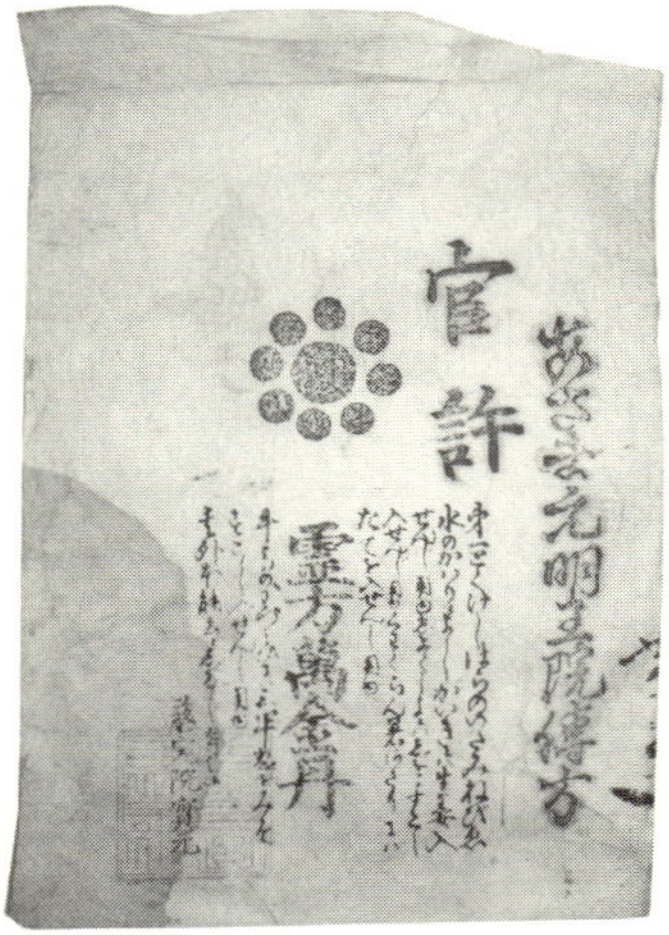

望月本実家の薬袋（明治初年・甲賀市蔵）

　望月本実家は甲賀地方でもいち早く本格的な製薬業を始め、明治三十五年（一九〇二）に近江製剤株式会社を設立、屋敷内に丸薬の製造機を備え、多くの職工により薬作りが行われた。そして売薬人が行李に薬袋を詰めて、各地に配置売薬に出かけていたのであった。

　このように、戦国時代、忍びとして活躍していた望月氏も戦が収まった江戸時代には山伏として配札や勧進に当たり、あるいは製薬、売薬業を生業とする姿に戻っていく。山伏姿で諸国を巡り歩く、これが甲賀望月氏の本来の姿であったのかもしれない。

# 5 塩野の諏訪社を訪ねて

竜法師の集落から矢川橋まで戻り、そこから信楽方向に進むと山裾に集落がみえ、ここが甲南町塩野である。塩野には鉱泉が湧くことでも知られ、「近江輿地志略」によれば「鹽池（中略）今此潮を汲取りて浴場となし、疾病を愈する者多し」とあり、弘法大師が掘り出したという伝承が残る。

塩野温泉からさらに信楽方面へと山手に入り、杉谷市之瀬からの道が合流したところに「南無阿弥陀仏　右志がらき山上かう志ん　左いわをふたういが」と書いた道標が建つ。このあたりが滝坂寺跡である。

その裏手の木立の中に、ひっそりと佇むように立つ小祠が塩野の諏訪社である。

塩野の諏訪社

あまりに小さいので見落としてしまいがちであるが、これこそが「甲賀由緒概史略」の中に「甲賀古士の守護神は塩野村の諏訪神社」と記され、柑子の望月惣左衛門家系図に「甲賀望月惣社」とあるその諏訪社なのである。

惣左衛門家系図に、入道良仙が「応永三十年癸中に、父信濃守重良の亡き霊を、塩野村平尾に鎮座する諏訪大明神の左に祭った」とあるその諏訪社が、今も塩野に現前として残っている。竜法師の望月蔵之坊家では、毎年正月四日に決まって塩野の諏訪社をお参りされていたという。甲賀の望月氏にとって精神的な要だったのだろう。望月良仙寄進状案には「勧請し奉る諏訪大明神御社の敷地ならびに御神田の事」（木村政延家文書「甲賀郡志所収」）とあり、やはり応永三十一年に諏訪神社を勧請したと記しているが、応永三十年（一四二三）前後がこの地に土着した甲賀望月氏にとって記憶すべき重要な年号であり、諏訪の神こそが望月の氏の神として大切な神だったのだ。そして沙弥、入道と称した良仙に唱導者の姿が垣間見えるという。そんな遥かな古《いにしえ》を思いながら、木々に囲まれた小さな諏訪神社を拝んでみたい。

## 滝坂の不動さんと塩野の山伏

諏訪社のあるあたりは矢川寺の末寺であった滝坂寺跡という寺院があった跡とされている。石塔が道の脇にあるのもそのためだろう。諏訪社の前を通り抜けると山中を流れる渓流に出会う。その渓流に沿って薄暗い山道を登る。ほどなく山側に籠所が、その前に大きな岩と拝所が見える。この大きな岩には不動明王が彫られており、滝坂の不動尊と呼ばれている。現在も会式には、飯道山行者講の山伏たちによって護摩供

滝坂の不動尊

養が行われている。甲賀三郎ゆかりの諏訪社とその奥の院とも言うべき滝坂の不動尊、そこには山伏の深いつながりを感じる。

山伏といえば、塩野も江戸時代には山伏が多く住んだ村であった。特に近江の多賀大社の信仰を広め、勧進を募る坊人たちの多くが甲南町出身者であり、彼らは組を作って諸国にお札を配りに廻っていたが、天明二年（一七八二）の「国々人数改帳」によれば塩野組という組があったことが分かり、河内や摂津、大和や山城など地域を定めて配札を行っていたのである。多賀信仰は甲賀の山伏たちによって全国に広められたのだった。

## 甲賀の牧と望月の牧

かつて諏訪社の前方を「諏訪の馬場」と呼んでいた。馬駆けがあったのだろう。馬のことを思いながら、塩野から山ひとつ隔てた西側の信楽町に入ると、そこの地名を牧という。甲賀には古代、官営の牧があったとされ、これを甲賀牧という。どこにあったかははっきりとしないが、信楽はその有力な候補地である。

「近江輿地志略」によれば牧村は「天智天皇の御時近江国に牧を置かせ玉ひし事、『日本紀』にあれば、此国牧村の名多くある理なり。やはり牧の字なるべし」とあり、そしてその西に接する勅旨村は「勅旨と云処諸国に多く在、信濃、上野にも勅旨といへる処ありて、牧なり。（中略）然れば此勅旨も牧につゐての名にや、近辺に牧村あれば、かたがた以て牧に付けての名なるべし」と信楽に牧があったことを窺わせている。因みに勅旨牧とは天皇の勅旨によって設けられた牧のことを言う。

平安時代に編纂された延喜式（巻四十八）には「近江国甲賀ノ牧。左馬寮」とあり平安京の左馬寮に属していたことが分かるが、一方、信濃国にも多くの牧があり、延喜式にも塩野牧や望月牧が挙げられている。信濃の佐久地方は古来より馬を平安京に献上していたのであり、中でも望月の駒は名馬として有名であった。

信濃を発した馬は東山道を通り、平安京に到着、内裏の紫宸殿では駒《こま》牽《ひき》の儀式が行われた。十世紀初頭、十五牧あった信濃諸牧が八月十五日に、望月の牧は八月二十三日に貢馬（献上）され、月明かりの下、馬を見る習わしであった。近江と京との境にある逢坂の関には、紀貫之が詠んだ「逢坂の関の清水に影見えていまや引くらん望月の駒」という歌が残る。

信濃から京まで馬を引き連れての長旅は二十一日程かかり、その途中にあるのが甲賀の牧。甲賀牧は都の近くに設けられており、馬ととも

信楽町牧の景観

長野県佐久市役所望月支所前の「望月の駒」像
（内堀　功 作）

に人の交流もあったはずである。信州望月と甲賀望月のつながりは、古代の馬を通じた交流の中に求められはしないだろうか。そういえば、近江と信濃は遠く離れているとはいえ、古代の区分では同じ東山道に属していることも忘れてはならない。

さらに塩野の地名に関する不思議な一致点を紹介しておこう。延喜式には信濃国塩野にも牧があったことが載せられているが、信州の塩野は現在長野県御代田町にある。ここに真楽寺大沼の池があり、ここから龍神の姿で現れたとするのがなんと甲賀三郎なのである。そして甲南町塩野には甲賀三郎兼家にまつわる諏訪社がある。これは単なる偶然なのだろうか。

## 塩野望月家の墓所

諏訪社から塩野温泉のある集落に下る。塩野の浄土宗寺院長楽寺とその隣にある天満宮を右手に見て山麓の道を行く。樹木が生い茂った山手に墓石が集まる一角があるが、ここが塩野望月家の墓所である。登り口に「望月家塁代之墓所」という石柱が立つ。いずれも立派な墓碑だが、これらの墓石には望月の九曜の紋と並んで諏訪社の神紋である梶の葉が入れられている。そう言えば、望月家の系図や由緒書に「定紋月ニ星九曜、丸ノ内梶之葉」とあったことが思い起こされ

梶の葉と九曜紋を入れた墓碑

る。因みに信州諏訪社の神紋は上社が三葉で四本根であり下社が五本根で、墓に陽刻されているのは梶の一葉のみだが、諏訪を意識したものであることは確かだ。

それにしても、近年に建てられた墓にさえも九曜紋と梶の葉を入れており、望月家の根底に深く諏訪の信仰が関わり、それが今日まで伝承されてきたことをこの墓石は教えてくれる。

## 6 柑子《こうじ》の史跡を巡る

杣川に注ぎ込む支流に浅野川がある。浅野川は三重県境の上馬杉方面から流れてきているが、甲南町馬杉は「甲賀由緒概史略」によれば、杉原斎入坊が忍術の法を授かったという伝説が残る地である。その浅野川の中流域に広がる集落が甲南町柑子である。このあたりは丘陵が複雑に入り組み、河川に沿って田地が広がる。丘の谷間に家々が見え隠れし、いよいよ隠れ里の感が深まる。緑豊かな里山に囲まれた村といえるだろう。

ここ柑子の集落も甲賀望月氏が拠点のひとつとしたところで、望月氏に関連する数々の史跡が点在する。それらを訪ねる際に柑子の望月惣左衛門家の系図を手掛かりにすると、より分かりやすい。

惣左衛門家には「滋野三家望月正統系図之紀」という長い系図が伝わっており、その中に望月家先祖の遠い記憶のようなものがにじみ出ている。清和天皇を祖とし、その第四皇子であり管弦の名手であった貞保親王につながる系図は他の望月氏系図と同じであるが、その中の望月重俊の注を見ると、「望月三郎信濃佐久郡望月郷城主で、近江国甲賀郡で戦功があり、六万石余りを領有し、重俊は甲賀に分地して甲賀三郎源重俊、後に改めて望月甲賀三郎源兼家と言い、次男重為は杣庄にて十六ヶ村を分地した」とある。もちろん他の望月家系図では重俊が甲賀に移り住んだという経歴はなく、しかも甲賀三郎兼家と名を改めたというのも甲賀側で付け加えたものだろう。信州滋野氏の系図を甲賀望月氏の系譜に結び付け、しかも甲賀三郎という物語での英雄の名を取り込み、望月家の祖とする意図があったように思われる。

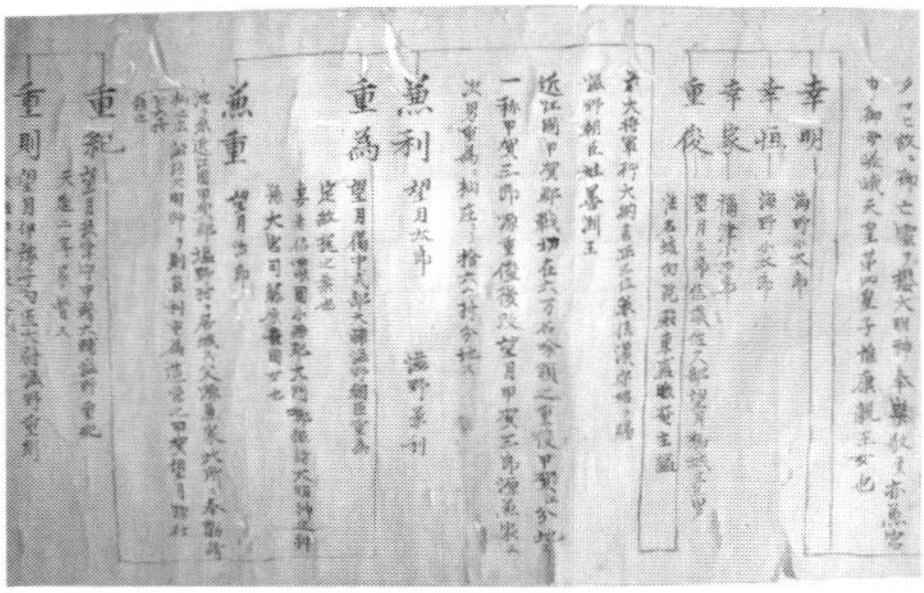

滋野三家望月正統系図之紀（望月惣左衛門家所蔵）

## 柑子に残る望月氏の城跡

柑子集落を歩いてみよう。丘の裾野に沿って旧道を行くと集落の中心に浄土宗崇福寺があり、背後は切り立った山腹である。ここが望月村嶋城である。

村嶋城は丘陵の先端をうまく利用して高い土塁を廻し、すり鉢状に落ち込んだ内部を平坦な曲輪《くるわ》とする甲賀によくみられるタイプの城で、尾根続きにその北端には望月青木城がある。こちらの城は頂上部を削平して曲輪とし、その北側の山腹に帯曲輪を作っており、土塁囲みが多い甲賀の城の中ではむしろ異質である。浅野川を挟んでその対岸にある丘陵の頂上部には村嶋支城があり、ここからは柑子集落が見渡せ、見張り台としての役目を果たしたのかもしれない。

さて、これらの城は誰の城だったのだろうか。もう一度、惣左衛門家系図を見てみよう。

「望月村嶋守源重元、文明十二年庚子年、同郡柑子村嶋城ニ住居ス。後乾ノ方ニ一城を築リ龍王山青木城と云。次男以重武城主トス。（中略）望月信濃介源重房　村嶋ニ居城ス。

望月村嶋城跡を示す説明板

（中略）父重元青木城不吉ナリトテ、次男重武橋本刑部小川弥左衛門ヲ相添、青木城ヲ与フ。重元ハ磯原左近太夫松本六之丞ヲ引卒、新宮上野ニ帰城ス」とある。すなわち、文明十二年（一四八〇）に村嶋城に望月村嶋守源重元が居住し、さらに次男重武が青木城を築いたとしている。近世の系図の注によるものとはいえ、甲賀の城の多くが築城年代や城主が不明なものが多い中で、手掛かりとなる記述として貴重だ。

## 桜神社の伝承

二つの城が連なる丘陵は一旦、道で途切れ、その南の丘陵に鎮座しているのが桜神社である。この桜神社について、惣左衛門家の系図の中に興味深い記述が見当たる。

目宮という人物の注にこのようにある。

「目宮…滋野親王ト申奏ル也。仁寿元年（八五一）三月、桜花称愛之詩歌御遊之会アリ。滋野親王深ク桜花ヲ賞翫シタマヒ、故ニ御亡霊ヲ桜大明神奉崇矣」と。目宮とはこの系図では滋野親王のこととし、親王は深く桜の花を愛で、それ故その亡き霊を桜大明神に祀ったとある。そもそも目宮という、およそ実在とは思えない人物が載り、しかも平安時代に望月の遠祖である滋野親王が桜を好んで桜大明神に祀られたという伝承が、ここ柑子では立

柑子の桜神社

派な社殿とともに神社として残り信仰されてきた。柑子望月氏のとてつもなく過去の伝承が現前として地域に息づいているのだ。

系図によれば、村嶋城に居住していた望月信濃守重房が文明十一年に建立を始め、明応二年に成就したとあるが、いずれにしても桜大明神の由緒が、信州滋野氏に端を発しているとは驚きである。

ここは文字通り春ともなれば一面に桜が咲き誇る。桜は古来より神聖な花とされ、穀霊である「さ」という神様が宿る「くら」が桜であるという。花に因む行事と言えば、ここ桜神社では七月中旬に祇園花行事（滋賀県選択無形民俗文化財）が行われる。甲賀の祇園さんは赤い花を飾るのが特徴で、花笠に幾本もの赤い造花の花を挿す。疫病を流行らす悪い神様である疫神を囃子たてて、赤い花に寄り付かせる。花は依代である。そして

この花をもみ合いながら激しく奪い取り、花笠そのものを破壊してしまい、疫神の復活を封じる。そして疫神を村の外へと神送りする。花を奪うことから「ハナバイ」と呼ばれ、甲賀から伊賀にかけて広く分布している。この行事は桜神社に合祀されている津島神社の祭礼で、津島祇園の系統と言える。

柑子の祇園花行事で使われるハナガサ

　そして、山裾にはかつて漢方医をされていた故望月康さんのお宅があった。この家は隠し階段や中二階があったことから、竜法師の忍術屋敷、そして甲南町下磯尾にある東雲舎《とううんしゃ》に次ぐ第三の忍術屋敷と言われ、今は甲賀町の忍術村に移築されて保存されている。代々医者をされていたこの望月家の診療室には額がかかっており「医は仁術なり」とあったそうだ。

　このように系図の中に伝承上の人物や物語を組み込むことで伝承は歴史性を帯び、地域社会の中で意味を持ち始める。諏訪の徒であったという過去の遠い記憶は民俗として残り、近年まで柑子の望月家では諏訪講なるものがあったという。諏訪大明神の掛け軸が今もあり、諏訪の神を前にして望月姓の面々が集まり、一族の繋がりを確認し合ったに違いない。桜神社の境内に建つ灯篭の裏側に「望月同名中」と刻まれている。望月家の遠祖に因む桜神社に一族が共同で寄進したものであり、結束の証なのである。

諏訪大明神の掛け軸
（望月惣左衛門家所蔵）

伝承が歴史化されただけでなく、歴史そのものが遺跡として伝えられている。そこがこの地域の魅力でもある。

## 7 寺庄の望月氏と鋳物師

時代は近世に下るが、寺庄の望月氏について見ておこう。寺庄は伊賀に通じる杣街道に沿って発展した町で、ここを過ぎると甲賀町に入る。街道に面して大正十四年、W・Aヴォーリズによって設計された旧滋賀銀行甲南支店（国登録文化財）があり、さらにその東には寺庄のシンボル六角堂が見える。六角堂は天明八年（一七八八）に池田の大工中村喜惣治によって建てられた六角形の地蔵堂で、甲賀市の有形文化財に指定されている。ここは甲賀町大原市場方面に通じる杣街道と、伊

寺庄のシンボル六角堂

賀の玉滝に通じる道の交差点に当たる。建立当時、六角堂はひときわ高く四方から望めただろうし、旅行く人はこのお地蔵様に道中の安全を祈り、隣の村へと入ったに違いない。このお地蔵様は杣の六地蔵の第一番と言われ、初盆があった家ではまず最初にお参りに訪れる。

さて、六角堂のある地域の小字名を「飯道寺前」という。この地の浄土宗寺院は、飯道山安養院浄土寺と言い、近くの日吉神社にも飯道神が祀られている。寺庄地区と飯道山とは直線距離にしておよそ八キロメートル程離れているが、小高い丘に登ると寺庄からは飯道山が真正面に堂々とそびえて望める。寺庄と飯道寺とは何か因縁がありそうである。

旧滋賀銀行甲南支店と杣街道

## 寺庄の鍛冶伝承と飯道寺

寺庄に伝わる「旧東福寺縁起」をみてみよう。

「往古当地には鍛冶をなせる老翁が住んでいて、ある時、どこからか白髪、長髪の老人が訪ねてきた。私はこれから近くの山を切り開こうと思うが、そのための道具を作ってもらいたい」という。鍛冶は三十七日間の精進潔斎をして丹精こめて斧を製作する。客の老人は大いに喜び、これにより鍛冶と老人はともに山に深く分け入り、木を切り倒した。その内に老人は姿を消してしまう。あまりの不思議さに鍛冶はしばらく唖然としていたが、傍らの木を倒し山上に小祠を安置して帰った。以来、鍛冶は専ら杣道具を作るようになった。山の祠こそが飯道寺大権現であり、「之により当所（寺庄）を飯道寺との因縁浅からず」という。また山を切り開く斧を作った鍛冶を橘左近と言い、斧を作らせた行者こそが役行者であるという言い伝えもある。

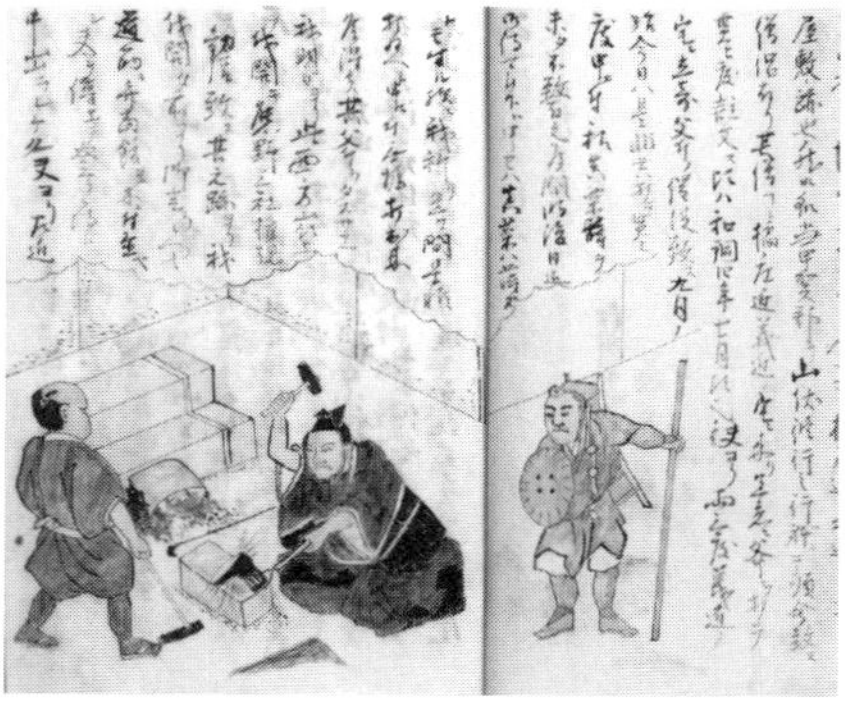
鍛冶屋に斧を打たす行者（甲賀由緒概史略）

次に飯道寺縁起をみてみよう。飯道寺縁起には承応三年（一六五四）の年紀のある「承応縁起」と南北朝期のものと伝わる古縁起の二つがあり、ここに寺庄村が出てくる。「承応縁起」には、「元明天皇和銅年中に甲賀郡池之原に霊異があり、天童が出現し、寺庄村の斎宮介が山に社を祀ったところ、和銅七年秋に山谷が鳴り響き、そこに五人の僧が現れ釈迦、弥陀、薬師の三尊を礼拝しこの三尊が飯道大権現の本地である。」そして、飯道の名は「焦飯で道辺の餓者に施しをした利生によるもの」としている。一方、古縁起では「摩訶陀国の宇賀太子が日本の弁財天を慕って訪ね来て甲賀郡油日岳に降臨し、寺庄村の常徳鍛冶に一夜の宿を求め天女の所在を聞く。鍛冶が天女が餉令山に行ったことを教えると、宇賀太子はおおいに喜び、鍛冶一族がいくら食べても食べ尽きることのない米を与えた、そして太子は去るときに、石楠花の葉に飯を盛るので、これを目印にせよ。」と言い、そこで鍛冶は葉に盛った飯を印に山に登り権現に対面したので太子を飯道権現という、とその由来を説いている。

昭和七年、肥後和男氏は「滋賀県遺跡調査報告書」の中で承応縁起に登場する斎宮介について「飯道寺の祠官の祖をなすものの如く思われる」とし「寺庄の鍛冶というものも杣人への斧の供給者として重要な位置を占めもし、当山の荘園であった時代がありとすれば、斧を奉献することを重要な義務としていたのではあるまいか」と述べられ、寺庄とは飯道寺の寺の庄だという吉田東伍博士の説を紹介された。また修験道研究の権威、村山修一先生も寺庄の鍛冶に注目され、「元来鍛冶は熊野山伏に関係があった」「様々な仏

飯道山にある飯道寺跡（市指定史跡）

山伏の笈と鉄斧
（甲南町杉谷・息障寺所蔵）

具、刀、斧、鏡など修験道者必携のものに鋳物師の作品が多い」と主著「山伏の歴史」に書かれ、熊野社が中世広く鋳物師によって守護神と仰がれたのも、山伏の媒介によるものと言われている。

山伏の儀礼作法を見ても斧は特に大切なもので、野外で焚かれる採燈護摩では斧によって邪悪なものを絶つ儀式があり、そして大木を切り倒す杣人にとっても神聖なものとして重視され、それ故、斧を打つ鍛冶職もまた特別な存在ではなかっただろうか。

「寺庄で作られた斧で飯道山が拓かれた」という何でもない伝承の中に、飯道山山伏と熊野信仰、鍛冶や鋳物師など金物関係者の存在の意味、そして杣人と開山伝承など、飯道山を巡る謎を多方面から読み解くことができそうで興味深い。

さらに金物と関連した寺院を忘れずに紹介しておこう。飯道山の手前にある庚申山広徳寺は、真鍮の元祖を祀っている。真鍮の合金技術を青面《しょうめん》金剛《こんごう》のお告げで感得した藤左衛門はその祖とされ、江戸時代には江戸、大坂、京都の非鉄金属業者から多くの信仰が集まった。真鍮元祖の伝承を持ち歩き、その信仰を広めたのも山伏たちの働きによるものではなかったかと推測できる。

真鍮の元祖藤左衛門像
（水口町山上・広徳寺）

## 鋳物師と寺庄望月氏

金属工業と関わった寺庄地域の歴史を背景に、鋳物師として活躍した望月氏が現れる。

現在の甲南高校の敷地はかつて望月四郎兵衛屋敷と呼ばれ、堀を穿ち門を構えた大きな屋敷があったという。ここで江戸時代、望月氏は鋳物を製造していたのであった。元禄年間に操業し、鍋、釜はもちろん釣鐘などが製造され、寺庄の慈音院には、甲賀市の有形文化財に指定された羽釜があり、そこには「大工四郎兵衛」と銘が入っている。釣鐘などは近隣の寺院をはじめ、蒲生郡、坂田郡、そして山城や伊勢鈴鹿からも注文があり、明治三十年頃まで製造されていたと伝えられる。甲南町杉谷の岩尾山息障寺の鰐口にも「望月四良兵衛源包道」と刻まれている。

望月氏作の羽釜（寺庄・慈音院所蔵）

鋳物師をしていた望月氏は北川と称していた時期もあり、鋳物師となった経緯がよく分からないが、全国の鋳物師を支配していた真継家に属していた。寺庄という地が古くから鍛冶業が盛んで、広く山伏が金属や鉱山と関わってきたことを考えると、鋳物師の出現は甲賀の山伏文化と無関係ではないだろう。

車でさっと通り過ぎてしまいがちだが、現在の集落景観からは想像できない深い歴史を秘めているのであり、古に思いを馳せながら、ゆっくりと街道を歩いてみたい。戦前までは商店が建ち並び多くの買い物客で賑わったというが、今は民家の家並が続く静かな町になっている。

## 8 甲賀衆として活躍した望月氏
### ——甲南町杉谷・新治の歴史をひもとく

#### 望月氏の勢力と六角氏

矢川橋前の五叉路を南西方向に通じる一本道を行く。杣川の河岸段丘上を進むとやがて北側に忍びの宿・宮野温泉が見え、このあたりが杉谷である。信楽山地の山裾に集落が点在し田園が開けるが、南側は広く山地となり、三重県境には「池が原杣庄の延暦寺」とも言われた天台宗岩尾山息障寺がある。標高四七一・一メートルの岩尾山は奇岩巨岩が屹立し、大岩には室町時代作の不動明王像（甲賀市指定文化財）が彫れており、見る者を圧倒する。この寺の裏手の巨岩には鎖場があって、ここも修験の行場であった。

岩尾山息障寺

さて、杉谷はその東に隣接する新治とともに、中世城館などの戦国時代の遺跡が数多く残る。そしてこの地域には甲賀武士として活躍した望月氏の足跡が見られる。

望月氏系図をみると、良仙が塩野に諏訪神社を勧請して以降の記述は、甲賀武士として活動した望月氏の名が連なり、長享元年（一四八七）

の「鈎御陣夜打」や明応元年（一四九二）の「将軍義材公江州進発」などの文言が見える。また望月重良の苗裔が、富竏、福島、吉原、吉棟、村嶋、新、福原、八城とに分地した（寺庄『望月清兵衛家所蔵系図』による）とあり、この分流した望月のそれぞれの家が結束して、甲賀独特の同族集団である「同名中」を作っていたのだろう。いわば「望月同名中」である。これは望月と名を同じくする者たちの集まりという意味で、一族姓と個人姓の複姓で呼ばれ、柑子では望月村嶋氏が支配しており、塩野では望月福島氏が治めるところであった。

永享三年（一四三一）に上杉氏と望月氏との間で相論になっていた杉谷村の地頭職が室町幕府によって望月氏と認められ、また嘉吉二年（一四四二）、これまで山中氏が補任されていた宇治河原村（現水口町）の代官職が望月信濃守に移り、文明二年（一四七〇）には望月弥次郎が「甲賀郡杣庄内龍法師并野田深川」を宛行われていることから、一五世紀後半には甲南町の中部から北西部さらに水口町宇川地域まで徐々に勢力を伸していったのだった。

そして室町幕府の中では将軍家に直属する奉公衆として望月近江衆の名で活動しているが、最も深い関係にあったのが守護六角氏である。中でも永禄

寺前城と村雨城のある丘陵

十一年（一五六八）織田信長の上洛に当たって攻められた六角承禎、義治父子は本城観音寺城を棄て、一時甲賀の杉谷に籠り、やがて伊賀友田の山内氏を頼り最終的に伊賀の音羽に潜伏することになる。この時、杉谷の望月吉棟に宛て次のような書状を書き残した。「甲賀も織田の勢力によって物騒だが、チャンスが到来した時には必ず当（望月）屋敷に入城するので相変わらぬ助力を頼む」と記し、伊賀へと落ちのびていった。いかにも敗軍の将の無念さがにじみ出ている。さてここで義治が入城するとした望月屋敷とはどこのことだろうか。

おそらく杉谷の望月城（非公開）ではなかったかと思われる。望月城は杉谷川を遡り、木造十一面観音立像（国指定重要文化財）を本尊とする臨済宗正福寺の近くにある。現在は竹林に覆われているが、高い土塁と副郭、そして伊賀へ抜ける古道を見下ろすように築かれた武者隠しなど、まるで要塞のような構造だ。望月吉棟はここに一時、

杉谷・新治の城跡（「甲賀市史第７巻」より）

六角義治を匿ったのではなかったか、それと思わせる緊張感に溢れている。

そしてその前方に広がる、畦ノ平と呼ばれる平野部を取り囲むように、村雨《むらさめ》城や寺前《じぜん》城があり、その東側背後には新宮城、新宮支城（いずれも国指定史跡）が控えている。寺前城や新宮城は、虎口に至る進入路を複雑に折り曲げるなど、甲賀の城の中ではより進んだ縄張りを見せている。

惣左衛門家系図には望月重元は柑子の青木城は不吉だとして次男重武に与え、重元自らは「新宮上野ニ帰城ス」とあるのも気にかかる。新宮上野地域にあるこれらの城は望月氏関連の城なのかもしれない。いずれにしても、織田信長の軍勢に攻められ、甲賀に逃れた六角父子が頼りとしたのが杉谷の望月吉棟であり、その軍事的緊張を背景に、杉谷の望月城を中心としたネットワーク中で、その周辺の城が築城もしくは改修されたのではないか、と私は考えている。さらに矢川神社に甲賀衆を集め、非常事態に当たって協議を行うなど、六角氏との連携の窓口に当たったのも吉棟だった。

因みに今日新治と呼ぶこの地域は、明治一二年に倉治村と新宮上野村が合併して新治村となり、中世には倉治村は倉治氏が支配したところで、今も倉治城や竹中城が残る。

新治にも望月氏系図があり、ここには望月出雲守重勝を望月家の祖とし、そして諏訪城落城の経緯や、望月の敵であった武田氏が織田信長に滅ぼされた後、近江の佐々木承禎（六角義賢）に属したことが記載され、実際はどうであったかは不明だが、戦国時代には信州望月氏と甲賀望月氏の間に交流があったのかもしれない。

## 杉谷から現れた甲賀忍びと望月氏

杉谷から戦国時代、鉄砲の名手が現れた。名を杉谷善住坊《ぜんじゅぼう》という。杉谷城（杉谷屋敷）を拠点にしていたと伝えられているが、元亀元年（一五七〇）彼は六角氏の命により、鈴鹿山中の甲津畑に籠り、近江から美濃へ逃れる織田信長を鉄砲で撃った。玉はかろうじて外れ、撃ち損じてしまう。その後、近江高島に潜伏しているところを捕らえられ、穴に縦埋めにされ、竹の鋸により首を切られるという極刑に処せられた。（善住坊の出生地は三重県菰野地方とする説もある。）

そして戦国の世は過ぎ、江戸時代になっても甲賀の忍びは必要とされた。尾張藩には「甲賀五人」という忍びが仕えていた。その筆頭、木村奥之助は水口町杣中出身だが、元はと言えば、甲南町下磯尾という山伏村から出た奥之坊を名乗る山伏であり、仕えた先は尾張の修験寺院、清寿院だった。表向きは鉄砲撃ちだが、その本業が忍びである。この甲賀五人の一人に杉谷出身の渡辺善右衛門や望月一族からは望月弥作が加わっていた。弥作の後裔にあたる望月官三郎の病気による退職

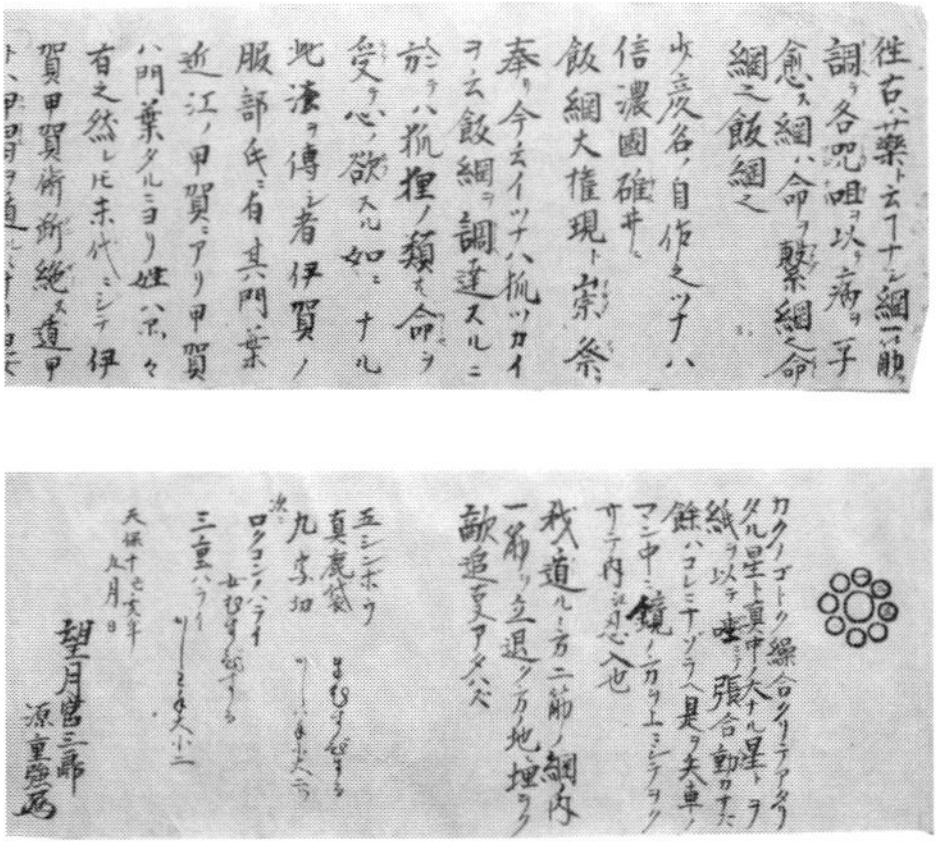

飯綱法（杉谷・渡辺俊経氏所蔵文書）

願い（天保十三年）にははっきりと「御忍役」とある。そして望月官三郎が渡辺善右衛門に相伝した忍術の中で面白いのは「飯綱法《いいづなほう》」という呪術のような秘法もあった。「往古ハ薬ト云コトナシ綱一筋調ヘテ各呪詛ヲ以って病ヲ平癒ス綱ハ命ヲ繋綱也　命綱也飯綱也　少彦名ノ自作之ツナハ信濃國碓井ニ飯綱大権現ト崇祭リ奉リ今云イツナハ狐ツカイヲ云」という文言で始まり、夫婦の鹿を捕らえて皮を剥ぐとか、亀の遺骸埋めて飯綱と崇めると説くなど、呪詛の類のために意味は理解し難いが、望月家の家紋である九曜紋を用いた術を載せていることから、望月家に代々伝授されてきたものかもしれない。

飯綱とは信濃国のやはり忍術で有名な戸隠《とがくし》の東方にある修験の山で、飯綱使いとは狐を操る妖術であるという。そして甲賀の五人の忍びが尾張清寿院で祀っていたのも飯綱権現であり、木村奥之助の故郷、水口町杣中にも飯縄権現が祀られている。白狐の上に立ち、羽を生やした異形の姿であり、ここでは飯縄と書く。飯綱権現は摩利支天とともに軍神としても崇められ、山伏が呪力を込め祈ってこそ、その超人的な力は発揮されたのだろう。

そして甲賀忍びが最後に活躍したのが、寛永十四年（一六三七）の島原の乱であり、原城に忍び込んだ望月氏もいた。望月与右衛門と望月兵太夫である。松平伊豆守定綱に見い出された十人の甲賀忍びが原城攻撃に参加し、堀の深さや塀の高さを探索して報告しているが、この時、望月与右衛門が敵の仕掛けた穴に落ち、石を投げつけられ、それでも敵の旗を奪い、半死半生で陣地に戻っている。

## 新宮神社の表門

平成の時代、かつて池が原杣庄と呼ばれ、甲賀望月氏が拠点とした甲南町北西部は大きく様変わりした。杉谷、新治地域には新名神高速道路が建設され、近畿地方と中部地方を結ぶ大動脈となり、昼夜を問わず大型トラックが行き交う。しかし、甲南パーキングから望む里山の景観はいかにも甲賀らしく、丘陵のこんもりとした森は、すべて城跡だといって言い。この地域には信長を撃った杉谷善住坊が現われ、そして信長に追われた六角氏が潜伏し、現在では想像もできないほど、戦国という緊迫した時の流れに揺れ動いていたのだった。

最後に新治地域のシンボル、新宮神社の表門を紹介しておこう。新宮神社は山裾に一の宮に紀伊熊野神、二の宮に常陸鹿島神、そして三の宮に勝手大明神の三神を祀っている。社記によれば、天平四年（七三二）に熊野の神を倉治に勧請し、延暦年間に新宮上野村に移して新宮大明神と称したという。この地にも熊野の信仰が及んでいたのだろう。

新宮神社表門（国指定重要文化財）

文明五年（一四七三）、応仁・文明の乱を避け、美濃へ逃れていた前関白、一条兼良《かねよし》は奈良への帰途の途中、降りしきる雨の中、当地に宿泊している。兼良の「ふじ河の記」には、「新宮の馬場に

至る　禅侶の庵をかりて宿す　新宮は山王にてましますとかや　所のこをり司《つかさ》などきたりて警護いたす」みえる。「新宮」とは新宮神社であろう。警護に当たった「所のこをり司」とは、この地の土豪、望月氏ではなかっただろうか。

新宮神社は矢川神社とともに杣の三社の一つであり、九ヶ村を氏子とする郷社であった。その表門は茅葺の三間一戸八脚の門で、文明十七年（一四八五）の建造、国指定重要文化財であり、柱がむき出しの素朴な造りに中世の趣きを感じさせる。杣川を挟んで矢川神社の楼門とそっくりの茅葺の門が建つ。杣谷の入り口に建立された二つの神社が、甲賀の歴史文化を訪ね歩こうとする旅人を迎えている。

補説

# 日本の呪術集団

（福田　晃）

## 一　呪術の源流

昭和五十六年三月二十一日、民俗学者である牛尾三千夫氏のなみなみならぬご努力によって、石見《いわみ》の大元神楽が現地で公開された。その大元神楽は、今も中世以来の神がかりの託宣を伝習する、わが国には残り少ない神事芸能である。それが、牛尾三千夫氏自らが注連主《しめぬし》として、邑智郡桜江町小田八幡宮の社殿において、公開のうちにとりおこなわれたのであった。ちなみに、牛尾氏は、同町市山の飯尾山八幡宮宮司であり、父祖代々、当神楽の注連主として祭儀全体を主宰してこられたのである。

神楽の公開は、夜の七時から始まり、四方堅めから、清湯立・荒神祭・潮祓・とすすみ、山勧請などがおこなわれ、その中心の神おろしの「天蓋曳き」に入ったのは、午前一時頃であった。色とりどりのご幣に飾られた天蓋は、社殿中央にあって、神の来臨の座を示すもの。そこに吊るされた中央の綱を注連主の牛尾氏が握り、左右四本ずつの綱を三浦・湯浅の両宮司が握って、いずれも片袖ぬぎになって、太鼓と神歌を掛け合いながら曳かれるのである。それは、静かにやがて次第に早く曳かれると、九個の天蓋が乱れ飛び交う。一瞬、天蓋の綱がからまると、注連主が楽に合わせて、みごとな綱さばきで解く。と、それを見守っていた人たちから思わず拍手がわいた。

この折り、神がかりした託太夫《たくだゆう》は、大正六年生まれの湯浅政一さんで、一週間前から潔斎に入り、毎朝、隣集落の大元社と八幡社へ社参し、仕事も休み、ただひたすら心身の清浄を保ち、今日の日を待っておられたという。そして、前日の朝からは、一切の飲食を断って精進しておられた。神がかりは、本来ならば、大元神の来臨を誘う、右の「天蓋引き」があり、次いで、ご神体である託綱（藁蛇）を天蓋に吊す「綱貫き」の後、託太夫を天蓋の下に招いて、左右にまわし、上下に揺する「六所舞」によっておこるのである。

ところが、当日は、まだ「天蓋引き」が八分通りの折に、突然に託太夫の湯浅さんは、控えの座で神がかりして、すさまじい勢いで天蓋の下に飛び出したのである。まったく予期されぬことで、牛尾氏を始め他の神職も真青になってしまわれた。神がかりした託太夫は、大声を張

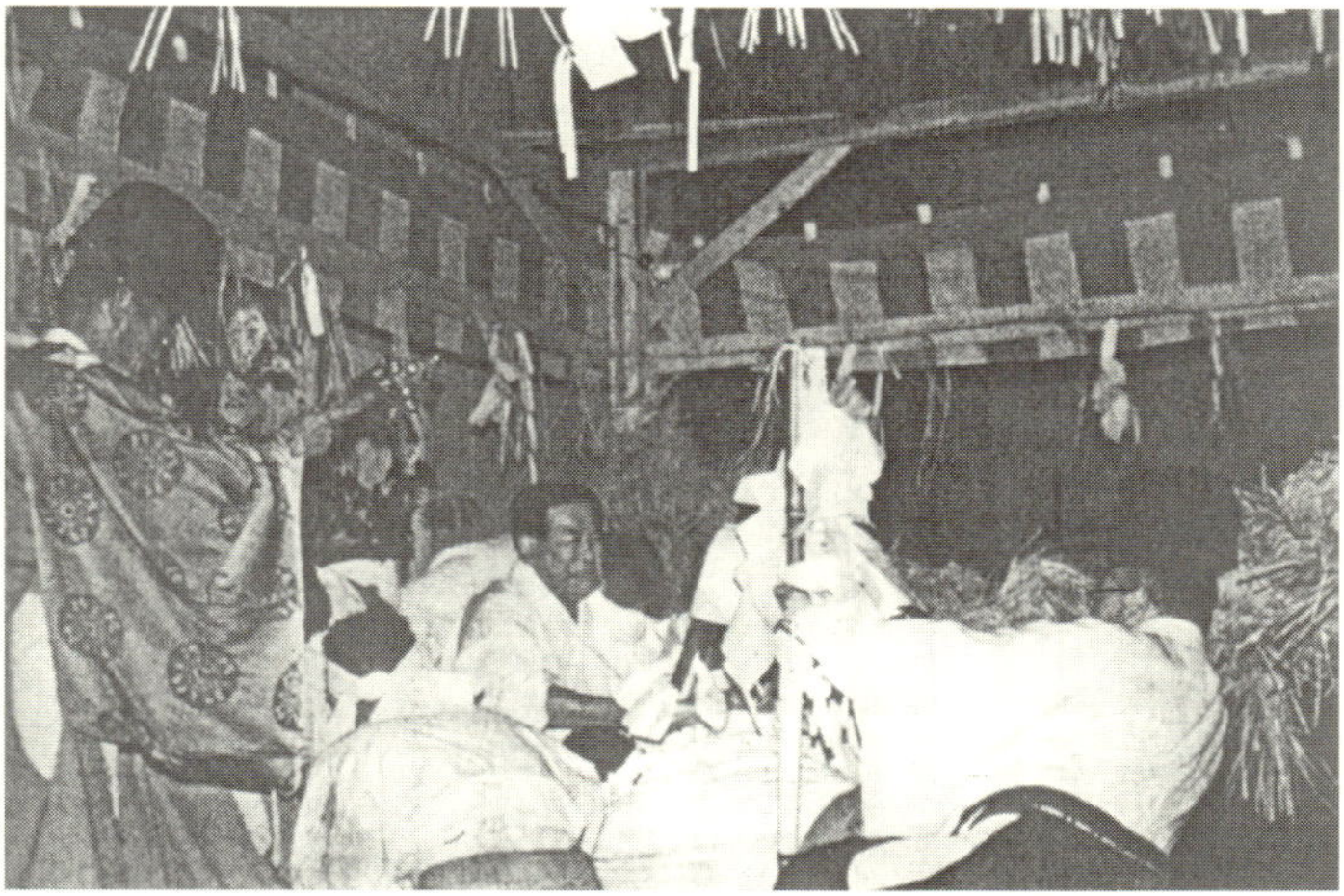

神がかり
「神がかり――備後の荒神祭祀から――」鈴木正崇氏撮影
（平凡社『修験と神楽』より転載）

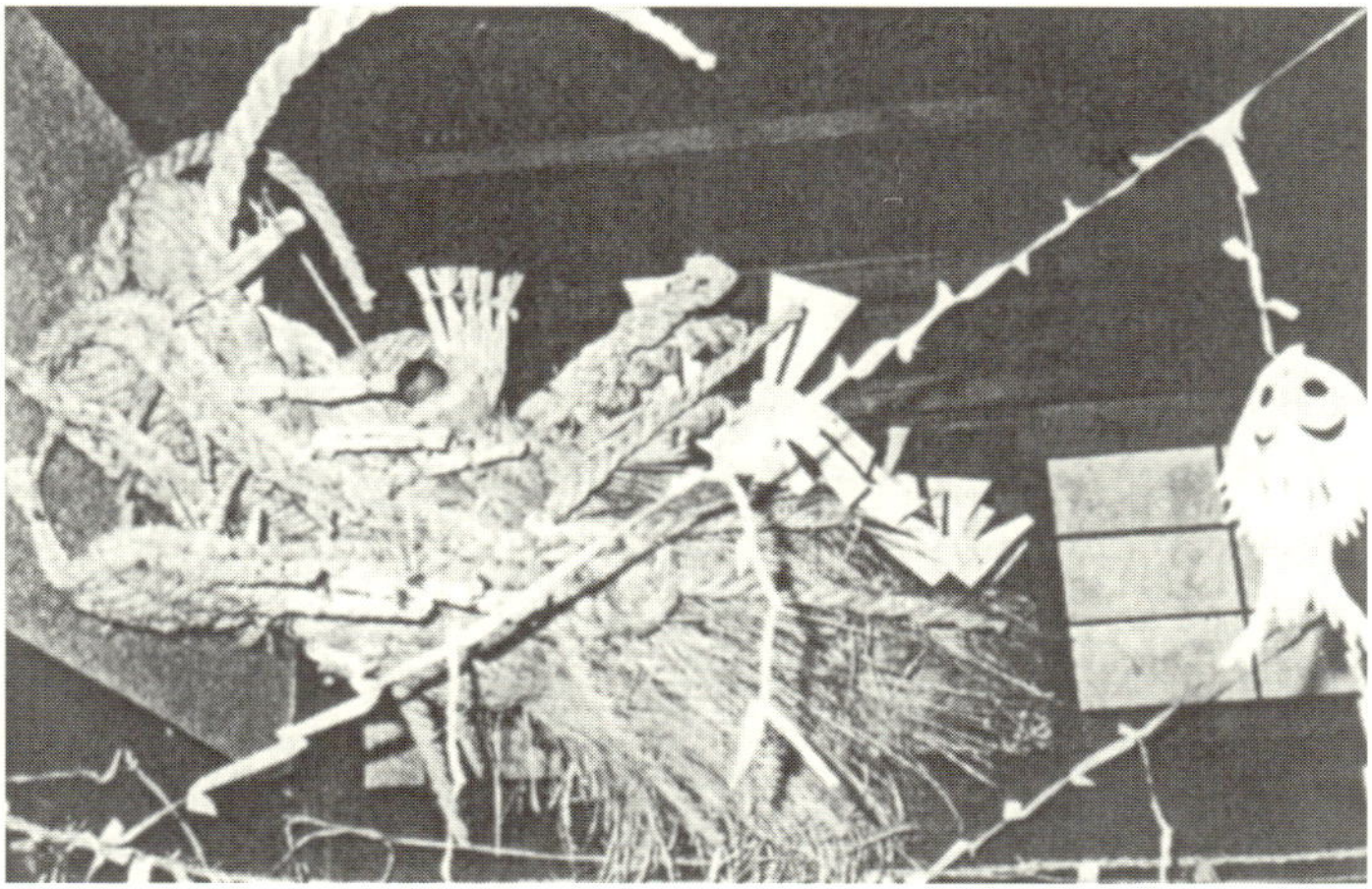

藁蛇（竜） 同上

り上げて、猛烈な力で飛びはねる。これをおさえるのが腰抱きであるが、その役の古瀬宮司は、まだ太鼓方に回わっておられる。牛尾氏の咄嗟《とっさ》の指図で近くにいた四人の若い神職が飛び出して、託太夫の腰を抱く。託太夫は、天蓋綱を握りしめているので、そのまま託綱の藁蛇の方へ引き寄せる。お託宣をお伺いする役も決めてあったが、託太夫の顔面は蒼白で、息も切れんばかりの息づかい、その絶叫は身震いするほどであったから、とりあえず注連主自身がお尋ねする。しかし、これも長くなれば託太夫の命が危うい。「恐る恐る大元様にお伺い申し上げる。今宵のお神楽はいかが思召しでございましょうか」と問えば、「ホオーオ、エエ（良い）。オオ、オホ、オオ、ホントニ……」と託宣がある。以下、急いで向こう七年間の豊凶・火難・水難、その他をうかがい、牛尾氏が打祓《はら》いの秘法の後、二度託太夫の肩を打つと、託太夫はまたたきして正気に返り、数人に抱きかかえられて退場したのであった。

一般には、託太夫は鬼のような形相になる。たとえば、当の湯浅さんが、七年前に神がかりしたときは、「目の玉は座って動かず、赤黒くなり、その顔は鬼のように恐ろしい形相」となって、これに立ち会った人のなかには、「あの時から一か月ばかりは、あの夜の神憑きが眼前にちらついて落ち着くことができなかった」という方々があるほどである。それほどにものすごい形相となるのであった。それとともに、神がかりに入った託太夫は、絶えず絶叫するとともに、猛烈な力で飛びはねることが注目される。その託太夫をおさえるのが腰抱きである。飛びはねる託太夫をそのままにしておくと、死んでしまうと言い伝えられるから、それは重大な役であった。三人、四人の腰抱きが託太夫の腰を抱きすくめる。しかし、託太夫が二、三尺飛び上がる都度に、腰抱きたちもいっしょに飛び上がる。その託太夫の一瞬の力は、すさまじいものである。

神がかりした者が、一瞬、驚くべき力を示し、超人的行為を営むことは、右の大元神楽の託太夫の事例にとどまるものではない。あるいは、それは、平安・鎌倉期の文献史料・縁起絵巻にも見られるものであり、東北方面の修験山伏をはじめ、奄美・沖縄の巫覡《ふげき》にまで、さまざまにうかがえるものである。そして、この神がかりした折の超人的な行為が、その修行を通して、意識的に発揮されるとき、それは、いわゆる呪術として、人々を恐怖させ得るものとなったのである。

## 二　呪術集団の系譜

右の石見神楽とともに、中国地方においては、備後の荒神《こうじん》神楽、周防の山〆《やましめ》神楽など、神がかりをともなう古儀にもとづく神楽が諸所にうかがえる。今日、それらは、当地方の神職を中心とした神楽団によって、かろうじて伝習されているが、江戸前期までは法者《ほさ》と称される修験者の社人によって演じられたものであったという。すなわち、その法者は、先の牛尾氏が勤められた注連主役を受けもって、祭儀全体を主宰するものであり、その輩下には、託太夫役の棹《さお》、および神子《みこ》を擁していた。そして、その法者は、地域ごとにグループをなし、その頭をいただきながら、集落を分担して祭祀・祈祷に歩いていたのである。

その主な職掌は、各集落の大祠・小祠の祭祀儀礼であって、その一連として、中世以来の名田による血縁共同体の祖霊神なる大元神・本山荒神の式年神楽を勤めていたのである。したがって、彼等は、家ごと個人ごとの悪霊退散・吉事招来の祈祷から卜占・口寄《くちよせ》に及んで、これを営んでいたのである。その修験・陰陽師系の法者たちが、やがて、次第に土着化して、江戸初期から中期にかけては、それぞれ中央の吉田家から官位を得て、当地方の社家として収まることとなったのである。

　右のごとくであれば、その法者たちの素姓は、忍者の一流である甲賀望月氏の本家筋に当たる信州滋野氏輩下の巫祝《ふしゆく》集団とたいへん近似したものということになる。ただ信州の巫祝集団は、神子《みこ》の祈祷を表芸として、後々まで漂泊の旅を続けていたところに特異な面があると言えるが、実はその信濃神子《しなのみこ》たちは、江戸の弾左衛門支配の神事舞太夫なる夫たちを宰領にいただいていたのである。

羽黒の烏とび（撮影　鈴木正崇氏）
（平凡社『修験と神楽』より転載）

　そして、その神事舞太夫たちは、神楽を奏し、卜占・祈祷を営み、中世には熊野の修験に習合し、あるいは諏訪神家と深く繋がっていたのである。

　ところで、東信の望月の牧周辺にあった滋

野氏の素姓を尋ねて、その「系図」をみると、清和天皇の四代の裔である善淵王を始祖と掲げており、次のごとき事蹟を注している。

「延喜五年、始メテ滋野朝臣ノ姓ヲ賜ハル。滋野氏ノ幡ハ、月輪七九曜ノ紋ナリ。此御番ヲ賜ハリシハ、平真王将門ヲ退治ノ中、宇治ニ遁籠リシ時、善淵王ハ大将トナリテ御幡ヲ賜ハリテ馳セ向ヒ、合戦ヲ遂ゲテ勝利ヲ得テ、将門ヲ関東ニ追下ス。……」

勿論、将門が宇治に立て籠ったという史実はない。しかし、京への入り口の一角である宇治は、東国から入り込む悪霊の問題となる地であった。つまり、その宇治の地において、七九曜の正幡をいただいて、朝敵の将門を打ち破ったという、右の善淵王の伝承は、これを始祖と仰ぐ滋野氏が、元来、七九曜の星の神の加護のもとに、境の地の悪霊を退散する祈祷・卜占の呪術集団なることを主張するものと判じられている。それならば、その呪術集団が東信の御牧なる望月周辺に蟠踞《ばんきよ》したのはなぜかが問題となる。

これについては、拙著『神道集説話の成立』(三弥井書店)の「甲賀三郎譚の管理者(一)」の項に詳述したことであるが、それは、古代の牧にあっては、陰陽の術をよくする者が必要であったからである。もともと、わが民族において御牧の馬は、もっとも聖なる者の召されるものであり、それは神の資格に準じる者のみ許されることであった。したがって、これを飼育する者は、よく神の思し召しを感知できる者でなければならなかったし、それゆえに左右馬寮所属の御牧には、牧監の輩下に占部が擁せられており、具体的には、相馬の術に従っていたのである。武力の最も重んじられる時代が来ると、その呪術を武力として戦さのにわかに進み出ることが多くなった。武将の家としての滋野三家なる海野・祢津・望月の諸氏がそれである。が、その輩下の多くは、その呪術を生活の糧として、巫祝回国の旅を選んでいたのである。

さて、東信の滋野流の巫祝集団は、七九曜の星の神をいただく者たちで、その悪霊の象徴的存在たる平将門を追討したとする善淵王を始祖と仰ぐ人たちであったが、実は、その将門がまた、自ら星の神をいただき、輩下に多く呪術集団を擁して、一時、東国を支配したことを注目したい。つまり、将門の拠った地は、関東の相馬の牧であり、その祀る星神は北斗妙見であった。そして、将門が滅んでも、その輩下の呪術集団は地下にもぐって、一方で相馬家を再興すると同時に、滋野の場合と同じく、卜占・祈祷のわざをもって漂泊の旅を続けたのである。

その星の神をいただき、陰陽の街にもとづく卜占暦法に長じた集団が、はやくに蟠踞した地、それが甲賀・伊賀であった。それは、大和政権とのかかわりで、北辺の境の山間に拠したのであるが、彼等は、古代における新鮮な呪法を擁する渡来人集団であった。このなかから、戦場に役立つ人物も、次第に輩出するようになった。たとえば、南北朝期に金剛山周辺に彗星のごとく出現した楠木正成も、伊賀の陰陽師の流れであった。ちなみに、正成の崇拝した河内観心寺は、七星観音を本尊とする。

ところで、星の神をいただく呪術・巫祝集団は、山間、辺境の地に拠するばかりではなかった。海の彼方から寄せてくる恐ろしい宿神を祀る地には、やはり、かの呪術集団が迎えられていた。大江山の酒呑童子の討罰《とうばつ》に一役買った渡辺の綱の出身地たる摂津の渡辺が、その一例である。源平の争乱には、彼等は頼政を擁して戦ったが、その競《きおう》・省《はぶく》・授《さずく》・続《つづく》・唱《とのう》などの一字の名は、自らが悪霊を退散せしめる悪党の一味であることを示しているのであった。そして、その綱が、美女と変じた鬼の片腕を切り落とした所は、しばしば橋占などがおこなわれた、旧賀茂川水辺なる一条戻橋であった。当然ながら、当地には、陰陽のわざをよくする呪術集団が拠することになった。すなわち、鎌倉・室町期には、この一条堀河の地には、陰陽博士の安倍晴明の流れが屋敷を構えていた。そして、『義経記』などによると、ここには、六韜《りくとう》兵法をよくする陰陽師なる鬼一法眼が住していたといい、その第一の輩下には、石打ちの呪術になる印地に秀れた堪海《たんかい》を擁していたと伝える。

この堪海が、堀河の下流の境の神なる五条天神社において、牛若丸に切られるのであるが、この印地の大将の出自は、瀬戸内の海を自在に運航した伊予水軍の頭である河野家輩下の宿《しゆつ》海《かい》にあったという。ちなみに、この宿海は、本朝を攻めた異国の鉄人に従う者で、河野の祖なる益躬《ますみ》が鉄人の首を討つとき、その輩下は足を切られるのみで許され、河野家の「奴原《やつこばら》」としてつかえるようになったと伝える特殊な呪術集団であった。『異本義経記』によると、堪海の親分なる鬼一法眼も、やはり宿海の一流で、もとは吉岡憲海と称したとする。後に宮本武蔵が一乗下り松で対決したという、剣法者なる吉岡又七郎は、その裔ということになる。陰陽の術をよくする巫祝集団から、忍法をよくする者のみならず、兵法・剣術を職とする者が輩出したことも、当然とすべきであろうか。

（「追跡・戦国甲賀忍者軍団」より）

# 参考資料一覧

## 典拠資料（一部）

ＮＨＫ『歴史への招待』30号（日本放送出版協会・昭和五十九年刊）所収「追跡・戦国甲賀忍者軍団〈福田晃〉」（昭和五十八年五月二十一日放映　ＮＨＫ　若月昇）

〔引用個所、九頁、十頁、一五一頁、一二九頁～一三一頁、一八一頁～一九一頁〕〔写真、十一頁、十六頁、七十頁、一二四頁〕

ＮＨＫ『歴史誕生』11号（角川書店、平成三年刊）「真田十勇士、山野を駈ける〈福田善之、旭屋南鮮〉（平成二年十二月十九日放映、一部福田晃出演、ＮＨＫ　村田秀夫）〔引用個所、一二四頁～一二五頁〕

## 参考文献Ⅰ（「甲賀三郎物語」関連）

柳田國男「甲賀三郎の話」（『郷土研究』第三巻十二号、大正五年一月）

「甲賀三郎物語」（岩波『文学』八巻十号、昭和十五年十月）（定本柳田國男集、第七巻筑摩書房、昭和三十七年）

筑土鈴寛「諏訪本地・甲賀三郎―安居院作神道集について―」（『国語と国文学』第六巻一号、昭和四年一月）（筑土鈴寛著作集、第三巻　せりか書房、昭和五十一年）

臼田甚五郎「日本宗教文学の一断面―諏訪本地甲賀三郎兼家―」（『国学院雑誌』昭和二十九年五月）

福田　晃「盲人の一系譜―甲賀望月氏系図をめぐって―」（『伝承文学研究』一号、昭和三十六年九月）
〃「甲賀三郎の後胤―甲賀三郎譚採集ノート―」(上)・(下)（『国学院雑誌』昭和三十七年六月同七・八月）
〃「甲賀の唱門師」（『伝承文学研究』第三号、昭和三十七年）（右掲書に同じ）
〃「信州滋野氏と巫祝唱導―甲賀三郎譚の管理者をめぐって―」(上)・(下)（『神道集説話の成立』三弥井書店、昭和五十九年）
（『日本民俗学会報』昭和三十八年十月同十二月）（右掲書に同じ）
〃「多羅尾の甲賀三郎」（相模民俗学会『民族』四七号、昭和三十七年十月）
三原幸久「くまのホアアン」（『スペイン民族の昔話』岩崎美術社、昭和四十四年）
徳田和夫「唱導文芸の一軌跡―甲賀三郎譚―」（『国学研究』昭和四十四年）
松本隆信「中世における本地物語の研究」(三)（『斯道文庫論集』十三号、昭和五十一年）
（『中世における本地物の研究』汲古書院、平成八年）
金井典美「諏訪信仰の性格とその変遷」（『諏訪信仰の発生と展開』永井企画、昭和五十三年）
荒井博之「甲賀三郎と熊のジョン」（『昔話伝説研究』七号、昭和五十三年）
白石一美「『諏訪本地』の研究」(一)(二)（『宮崎大学教育学部紀要』四五号、四六号、昭和五十四年、五十五年）
石井行雄「神道集」巻十「諏訪縁起事と諏訪神事」（『伝承文学研究』二二号、昭和五十四年）
二本松康宏「諏訪縁起と諏訪本地―甲賀三郎の子どもたちの風景―」（徳田和夫編『中世の寺社縁起と参詣』竹林舎、平成二十五年）

## 本文・翻刻

―諏訪系―

近藤喜博『東洋文庫本　神道集』（角川書店、昭和三十四年）
近藤喜博『赤木文庫本　神道集』（角川書店、昭和四十三年）
貴志正造
岡見正雄『神道大系　神道集』（神道大系編纂会、昭和六十三年）
高橋喜一
横山　重「天正十三年写本『諏訪縁起』」（『室町時代物語集』第二巻、大岡山書店、昭和十三年）
太田武夫
〃　「寛永二年写本『諏訪縁起物語』」（右に同じ）
横山　重「弘化四年写本『諏訪草紙』」（『室町時代物語集成』第八巻、角川書店、昭和五十五年）
松本隆信

―兼家系―

横山　重「絵入写本『すはの本地』」（『室町時代物語集』第二巻大岡山書店、昭和十三年）
太田武夫
（横山重・松本隆信『室町時代物語集成』角川書店、昭和五十五年）
福田　晃「望月善吉氏蔵『諏訪の本地』」（『伝承文学研究』、二号、昭和三十七年）
寺師三千夫「天文十二年絵巻『諏訪御由来之絵縁起』」（『神道物語集㈠』、三弥井書店、昭和四十一年）
福田　晃
臼田甚五郎「慶長頃写本『しなの、神伝』」（『しなの、神伝』芸林舎、昭和四十七年）
〃　「正保三年写本『諏訪明神縁起』」（右に同じ）
白石一美「黒木忍氏蔵、大永五年奥書明暦四年写絵巻『諏訪大明神御本地』」（『宮崎大学教育学部紀要』四十五号、

昭和五十四年）（村上学『中世神道物語集』神道大系編纂会、平成元年）

## 参考文献Ⅱ（飯道神社関連）

肥後和男「滋賀県史跡調査報告書・第五「飯道山」」（滋賀県保勝会、昭和八年）
五来　重「大和三輪山の山岳修験」（『近畿霊山と修験道』名著出版、昭和五十三年）
平井良明「三輪山平等寺概史」（『大美和』第九十九号、平成十二年）
〃　「三輪山平等寺と薩摩国島津氏」（『大美和』第一一九号、平成二十二年）
宮家　準「中世の三輪山平等寺と大和の霊山・修験」（『大美和』第一二一号、平成二十三年）
鈴木昭英『修験教団の形成と展開』（法蔵館、平成十五年）
豊島　豊「飯道山修験道の成立と展開」（『甲賀市史』第二巻・第四章・第二節甲賀市、平成二十四年）

## 参考文献Ⅲ（忍者関連）

足立巻一ほか『忍法』（三一書房、昭和三十九年）
山口正之『忍者の生活』（雄山閣、昭和四十七年）
石岡久夫『日本兵法史』㊤（雄山閣昭、和四十七年）
石川正知『忍の里の記録』（翠揚社、昭和五十九年）
山口正之『忍びと忍術』（雄山閣、平成十五年）

藤田和之『〈甲賀忍者〉の実像』（吉川弘文館、平成二十四年）
山田雄司『忍者の歴史』（角川書店、平成二十八年）
中島篤巳（訳註）『完本万川集会』（同書刊行会、平成二十七年）

## 参考文献Ⅳ（真田氏関連）

笹本正治『真田氏三代』（ミネルヴァ書房、平成二十一年）
平山　優『真田三代―幸綱・昌幸・信繁の史実に迫る―』（ＰＨＰ新書、平成二十三年）
丸島和幸（編）『信濃真田氏』（岩田書院、平成二十年）
〃　（〃）『真田一門と家臣』（岩田書院、平成二十年）
〃　『真田四代と信繁』（平凡社新書、平成二十七年）
真田　徹『真田幸村の系譜』（河出書房、平成二十七年）

## 参考文献Ⅴ（郷土資料関連）

滋賀県甲賀郡教育会編『甲賀郡志（下巻）』（滋賀県甲賀郡教育会、大正十五年）（復刻版名著出版、昭和四十六年）
芦田　博『甲南町史』（甲南町役場、昭和四十二年）
甲賀市史編さん委員会『甲賀市史』第一巻（甲賀市、平成十九年）
〃　第二巻（甲賀市、平成二十四年）

本書は、地元の方々にも一般の方々にも、甲賀三郎物語を知って欲しいとの意図で執筆したものである。本書を携えて甲賀望月氏の跡を訪ねていただくことを切に希望するのである。

平成二十八年五月二十一日

―寝屋川市中央公民館における同題の講演を終えて―

著者代表

福田　晃

## 執筆者略歴


**福田　晃**（ふくだ・あきら）

昭和７年、福島県会津若松市に生れる。國學院大学文学部卒業、同大学院博士課程・日本文学専攻修了。
立命館大学名誉教授。文学博士。


**主な著書**

『軍記物語と民間伝承』（岩崎美術社、昭47)、『神道集説話の成立』（三弥井書店、昭59)、『南島説話の研究』（法政大学出版局、平４)、『京の伝承を歩く』（京都新聞社、平４)、『神話の中世』（三弥井書店、平９)、『神語り・昔語りの伝承世界』（第一書房、平９)、『曽我物語の成立』（三弥井書店、平14)、『昔話から御伽草子へ』（三弥井書店、平27)、『放鷹文化と社寺縁起』（三弥井書店、平28)


**長峰　透**（ながみね・とおる）

1958年京都生まれ。
甲賀市教育委員会歴史文化財課勤務。

甲賀忍者軍団と真田幸村の原像—甲賀三郎物語を歩く—

平成28年12月21日　初版発行

定価はカバーに表示してあります。

©編著者　福田　晃
発行者　吉田栄治
発行所　株式会社 三弥井書店
〒108－0073東京都港区三田3－2－39
電話03－3452－8069
振替00190－8－21125

ISBN978-4-8382-3305-2 C0021

整版　ぷりんてぃあ第二
印刷　エーヴィスシステムズ